Schloß Thüngen – seit Generationen Sitz einer berühmten fränkischen Adelsfamilie

Die Thüngen gehören zum fränkischen Uradel, die heutige Linie läßt sich bis zum Jahr 1259 zurückverfolgen. Die Familie stellte im 16. Jahrhundert zwei Bischöfe, in Würzburg KONRAD († 1540), in Bamberg NEIDHARD VON THÜNGEN († 1598). Weitere Familienmitglieder dienten als Minister, Feldzeugmeister, Präsidenten des Reichskammergerichts, als Offiziere und Diplomaten; heute betreibt man mit Erfolg eine der rar gewordenen Privatbrauereien.

Hoch über der Ortschaft liegt das nach der Zerstörung im Bauernkrieg 1564 neu gebaute, von einem Halsgraben umgebene Schloß. Neben dem Tor der »Alte Stock«, ein hoher mittelalterlicher Wohnturm mit Resten einer Ausmalung aus dem 16. Jahrhundert (Privatbesitz – keine Besichtigung!). An der Westseite des Wohngebäudes findet sich ein hübscher Renaissanceerker mit einem Wappen der Familien Thüngen und Seckendorff.

In Thüngen selbst befindet sich das »Burgsinner Schloß« mit Staffelgiebel und Treppenturm (1574). Ein prächtiger Saal aus der Zeit der Renaissance wurde mit Fresken und einer Vertäfelung mit Intarsien ausgeschmückt.

Retzbach – Zellingen

Zurück an die Ufer des Maines! Zellingen (79), in dem der berühmte Maler WILHELM LEIBL Verwandtschaft hatte, verfügt über eine klassizistische Kirche JOH. PHILIPP GEIGELS (1785/87), Retzbach, gegenüber, über ein für fränkische Weinbauorte typisches Ortsbild: Die schon 815 urkundlich erwähnte Gemeinde hat manchen alten Hof, in den

Bildstock bei Retzbach

rundbogige Einfahrten hineinführen, ein Rathaus mit Fachwerkobergeschoß und Eckturm (1513) und – etwas außerhalb – die noch heute stark frequentierte Wallfahrtskirche »Maria im grünen Tal«.

Wenige Kilometer ostwärts, vorbei am 350 m hohen »Toten Mann« gelangt man in den versteckten Weinort RETZSTADT.

Karlstadt und die Karlsburg

Scheinbar uneinnehmbar thront hoch über dem Main auf gewachsenem Felsen die Karlsburg und bewacht die gegenüberliegende, nicht weniger wehrhaft wirkende Stadt. Die Reste dieser im Bauernkrieg zerstörten Anlage entstammen dem hohen Mittelalter, doch ist bereits im 8. Jahrhundert von einem *castellum* und einer *villa Karloburg* die Rede.

735 wurde hier ein Frauenkloster gegründet. Die archäologische Forschung geht davon aus, daß in Karlburg ein karolingischer Königshof bestand, der später in den Besitz der Würzburger Bischöfe gelangte.

Karlstadt (80) selbst wurde erst um 1200 gegründet. Im Mittelpunkt der nahezu auf quadratischem Grundriß errichteten Stadt liegen der Marktplatz und das 1422 erbaute gotische Rathaus. Eine Freitreppe führt zur Halle und zur Ratsstube empor. Der steile Treppengiebel wird von einer Uhr und der Figur des »Schwedenmännle« geziert; die Gestalt gemahnt an die Schrecken des Dreißigjährigen Krieges, der im Frankenland besonderes Unheil anrichtete.

Wenige Schritte hinter dem Rathaus erhebt sich die ehrwürdige St. Andreaskirche, ein Bau der Gotik, in den man den romanischen Turm integrierte. Zu ihren Schätzen gehören die Grabmäler in der »Rienecker-Kapelle« und eine Statue des hl. Nikolaus (um 1505) von RIEMENSCHNEIDER in der Schatzkammer.

Das Gesicht der Karlstädter Altstadt wird durch zahlreiche sehenswerte Fachwerkbauten geprägt, die den Reichtum der von Anfang an mit dem Stadtrecht privilegierten Gemeinde dokumentieren.

Großen Ruhm nehmen die hier geborenen Humanisten ein: Der Mathematiker, Geograph und Astronom JOHANN SCHÖNER, der Reformator ANDREAS BODENSTEIN, gen. DR. KARLSTADT sowie JOH. RUDOLF GLAUBER (1604 – 1670), der »Vater der deutschen Chemie«.

Blick aus der Karlstädter Altstadt auf die Ruine der mittelalterlichen Karlsburg

MSP-MM 92

Lohr (81)

Zeugnisse der mächtigen GRAFEN VON RIENECK trifft man auch in der Lohrer Stadtkirche St. Michael an. Dieser Sakralbau entstand in der zweiten Hälfte des 13. Jahrhunderts, Chor und Westturm wurden gut 200 Jahre später angefügt.

Von der alten Burg der Rienekker, die gleich neben der Pfarrkirche stand, gibt es keine Spuren mehr. An seiner Stelle erhebt sich seit 1650 das Kapuzinerkloster.

Im Zentrum der Stadt ragt das zwischen 1599 und 1601 von Baumeister MICHAEL IMKELLER entworfene Rathaus auf. Zu ihm gesellen sich einige schöne Bürgerhäuser, schmucke Fachwerkbauten, deren prächtige Renaissanceportale vom Stolz seiner Besitzer kündeten.

Ob Schneewittchen tatsächlich ein Lohrer Mädchen gewesen ist (wie findige Tourismusmanager behaupten), sei dahingestellt. Ein Publikumsmagnet ist auf jeden Fall das »Spessart-Museum« im Schloß am Stadtrand. Einzelne Abteilungen dokumentieren die Nutzung des Waldes: Man erfährt, wie das Holz geschlagen und transportiert wurde, bevor es von Zimmerern, Wagnern, Küfern oder Schreinern weiterverarbeitet wurde. Ein Raum zeigt die Inszenierung eines räuberischen Überfalls und erinnert an das bekannte (auch verfilmte) Hauffsche Märchen vom »Wirtshaus im Spessart«. Weniger spektakulär, aber sehr wertvoll, sind die vielfältigen Produkte der Spessarter Glashütten, vornehmlich Spiegel, Flaschen und Trinkgefäße.

Links: Das Lohrer Schloß – Sitz des beliebten Spessart-Museums
Unten: Fachwerkhäuser säumen die Hauptstraße von Lohr

Bayerns kleinste Stadt hat eine riesige Burg: Rothenfels am Main

Burg Rothenfels

Das eng sich unter dem steil aufragenden Burgberg kauernde Rothenfels (82) galt lange als die kleinste Stadt Bayerns. Die schmale Durchgangsstraße führt an manchen hübschen Häusern vorbei. Das mächtigste unter ihnen ist das 1597 vom begabten Lohrer Steinmetz MICHAEL IMKELLER errichtete Rathaus mit seinen beiden schwungvollen Renaissancegiebeln und dem imposanten Portal mit seinen gedrehten Säulen.

Die Pfarrkirche ist ein braver Bau vom Beginn des 17. Jahrhunderts mit einem Chor der Spätgotik. Sozialgeschichtlich von Interesse ist das 1597 ins Leben gerufene Spital, eine Art »kleiner Bruder« des Würzburger Juliusspitals.

365 Stufen muß bewältigen, wer zu Fuß vom »Löwen« (wo ALBRECHT DÜRER am 17. Juli 1520 übernachtete) zur einstigen Zwingfeste des MARQUARD VON GRUMBACH hinaufsteigen will. Die Burg wurde um die Mitte des 12. Jahrhunderts an dieser exponierten Stelle errichtet. Ältester Bauteil ist der Bergfried, die weitläufigen, als Jugendtreff genutzten Gebäude entstammen späteren Epochen.

Homburg

Unweit der Kreisstadt Marktheidenfeld liegt das durch seine Weinbergslage »Kallmuth«, besonders bei Freunden edler Tropfen, geschätzte Örtchen Homburg (83). Neben dem sonnenverwöhnten Hang erhebt sich ein steil aufragender, von einer Burg besetzter Tuff-Felsen. Die Gründung geht auf das Jahr 1102 zurück – der Legende nach aber war der Berg bereits 753 oder 754 Schauplatz der Geschichte: Der hl. BURKARD VON Würzburg soll hier sein Leben als Eremit beschlossen haben. 1721 wurde in der Grotte unterhalb der Burg ein Altar geweiht.

Die Burg selbst zeigt – wie Rothenfels – den üblichen Bergfried und ein 1561 vom Geschlecht derer VON GEBSATTEL errichtetes Fachwerkgebäude. Die mächtige Burgscheuer erinnert daran, daß die Bauern hier früher ihre Steuer, den Zehnt, in Form von Naturalien abzuliefern hatten.

Gegenüber Homburgs, auf der anderen Seite des Mains liegt das ehemalige Augustinerchorherrenstift TRIEFENSTEIN. Der ab 1687 entstandene Kirchenbau verfügt über eine gute Ausstattung des späten 18. Jahrhunderts. Die Anlage wird mittlerweile von einer protestantischen Bruderschaft genutzt.

Sowohl von Lohr als auch von Marktheidenfeld (hervorragende Gastronomie im »Anker« sowie im »Mainblick«!) wie vom Markt Triefenstein ist es nur ein Katzensprung in den westlich anschließenden SPESSART, der weit gefächerte Erholungs-, Wander- und Ausflugsmöglichkeiten biete. Empfehlenswert sind Besuche von Schloß Mespelbrunn, der Eisenhammer in Hasloch, die Karthause Grünau sowie das romantische Hafenlohrtal.

Blick aus der exzellenten Weinlage »Kallmuth« auf Schloß Homburg

Eine der intimsten Kirchen der Region: St. Jakob in Urphar

Urphar

Obwohl die Gemeinde politisch gesehen bereits zu Baden-Württemberg gerechnet wird, ist Urphar (84) ein unverwechselbar mainfränkischer Ort.

Hauptanziehungspunkt für Kunstfreunde ist die auf einer Anhöhe liegende Jakobskirche. In ihr fand man vor einigen Jahren Chorfresken, die ins hohe Mittelalter datiert werden. Gemeinsam mit dem Gestühl und den Emporen aus der Zeit der Reformation und der Schleifladenorgel mit ihrem schmucken Rokokogehäuse ergeben sie einen einzigartigen Raumeindruck.

Holzkirchen (85)

Zurück nach Würzburg! Etwas abseits der Bundesstraße 8 stoßen wir auf eines der frühesten Zeugnisse des Christentums. Es findet sich im stillen Aalbachtal zwischen Würzburg und Wertheim. Schon im 8. Jahrhundert wurde hier ein Kloster gegründet, das zu Fulda gehörte. Bis zur

Portal der Jakobs-Kirche mit reichen schmiedeeisernen Beschlägen

Säkularisation 1802 lebten die Mönche nach der Regel des hl. Benedikt.

Herrlich gearbeitete Säulen und Kapitelle im teilweise erhaltenen romanischen Kreuzgang erinnern an jene Zeit. Auch in der barocken Klosterkirche kann man Relikte aus der romanischen Epoche bestaunen – ein fragmentiertes Relief mit einer Christusdarstellung sowie einen Stein mit dem reitenden Herrn und einem Mann mit einem Einhorn.

Seine große kunstgeschichtliche Bedeutung führt Holzkirchen auf das Wirken des Barockarchitekten BALTHASAR NEUMANN zurück. Den Auftrag zur oktogonalen Kirche erteilte der Fürstabt von Fulda, ADOLF VON DALBERG; sein Wappen befindet sich über dem Portal. Der Kirchenraum selbst ist als Zentralbau konzipiert, ein Gedanke, den Neumann nirgendwo sonst so konsequent realisieren konnte. Überwölbt wird die zwischen 1728 und 1730 entstandene Kirche von einer klassischen, dem Tal einen deutlichen Akzent verleihenden Kuppel mit einer schlanken Laterne.

Im Inneren verleiht filigraner Rokokostuck dem Raum zusätzliche Eleganz. Mithin ein kleiner, aber feiner Abschluß einer Kunstreise rund um Würzburg!

Kloster Holzkirchen gehörte ursprünglich zu Fulda. Rechts die von Neumann entworfene Rundkirche mit der prächtigen Kuppel

Museen und Galerien

Würzburg

Mainfränkisches Museum

Festung Marienberg,
Tel. 09 31/4 30 16

Neben der einzigartigen Sammlung von Werken Tilman Riemenschneiders bietet das Museum einen repräsentativen Querschnitt durch mehr als zwei Jahrtausende Kunst- und Kulturgeschichte Mainfrankens. Einzelne Abteilungen sind der Vorgeschichte, dem Kunstgewerbe, der Malerei und Plastik, der Volkskunde (mit Trachtensammlung) sowie der fränkischen Weinkultur (in der Kelterhalle) gewidmet.

Täglich, außer Montag,
April – Okt.: 10.00 – 17.00 Uhr,
Nov. – März: 10.00 – 16.00 Uhr

Fürstenbaumuseum

Festung Marienberg,
Tel. 09 31/4 38 38

Das erste Obergeschoß des Fürstenbaumuseums gewährt Einblick in die Wohnkultur der Fürstbischöfe vor dem Umzug in die Residenz. In weiteren Räumen werden Goldschmiedearbeiten und prachtvolle Meßgewänder aus den Paramentenkammern der Festungs-, der Hofkirche und des Domes gezeigt.

Im zweiten Obergeschoß befindet sich die STADTGESCHICHTLICHE ABTEILUNG des Mainfränkischen Museums.

Täglich, außer Montag,
April – Okt.: 10.00 – 17.00 Uhr
Kassenschluss: 16.30 Uhr,
Nov. – März: 10.00 – 16.00 Uhr
Kassenschluss: 15.30 Uhr

Städtische Galerie

Hofstr. 3, Tel. 09 31/3 22 25-0

Während das Erdgeschoß wechselnden Ausstellungen vorbehalten ist, bieten die beiden Obergeschosse Malerei und Plastik des 19. und 20. Jahrhunderts. Neben Bildern aus dem Leibl-Kreis verdienen frühe Gemälde von Liebermann, Corinth und Slevogt besondere Aufmerksamkeit. Außerdem verwahrt das Haus den Nachlaß von EMY ROEDER, einer der bedeutendsten deutschen Bildhauerinnen des 20. Jahrhunderts.

Di. – Fr. 10.00 – 17.00 Uhr,
Sa., So., Fei. 10.00 – 13.00 Uhr

Bayerische Staatsgemäldesammlung in der Residenz

Zugang durch die Schauräume der Residenz,
Tel. 09 31/3 55 17-12

Im Zusammenhang mit den Fresken Tiepolos werden venezianische Gemälde des 17. und 18. Jahrhunderts präsentiert.

Täglich, außer Montag,
April – Okt.: 9.00 – 17.00 Uhr,
Nov. – März: 10.00 – 16.30 Uhr

Martin-von-Wagner-Museum

Residenz (Südflügel),
Tel. 09 31/31 22 88

Deutschlands größtes Universitätsmuseum, das nach dem Kunstberater und Freund König Ludwigs I. von Bayern benannt ist, präsentiert in seiner GEMÄLDEGALERIE etwa 300 deutsche, niederländische und italienische Bilder des 14. bis 19. Jahrhunderts, außerdem plastische Werke, u. a. von Riemenschneider.

Die ANTIKENABTEILUNG sammelt

hervorragende griechische Vasen, Plastiken, Gläser und altägyptische Funde.

Die GRAPHISCHE SAMMLUNG umfaßt ca. 25.000 Zeichnungen und Drucke, u. a. von Tiepolo.

Gemäldegalerie:
Di. – Sa. 9.30 – 12.30 Uhr
14-tägig So. 9.30 – 12.30 Uhr im Wechsel mit
Antikensammlung:
Di. – Sa. 14.00 – 17.00 Uhr
Graphische Sammlung:
Di., Do. 16.00 – 18.00 Uhr

Marmelsteiner Kabinett

Plattnerstraße,
Tel. 09 31/38 62 61

In den Räumen des von Balthasar Neumann erbauten Marmelsteiner Hofes stellt die Diözese Würzburg im Wechsel Werke zeitgenössischer Kunst und Zeugnisse ihrer Kulturgeschichte aus.

Montag geschlossen
Di. – Fr. 14.00 – 17.00 Uhr,
Sa. – So. 10.00 – 12.00 Uhr,
und 14.00 – 17.00 Uhr

Spitäle

An der Alten Mainbrücke,
Tel. 09 31/4 41 19

Galerie der Vereinigung Kunstschaffender Unterfrankens. Wechselausstellungen präsentieren Werke fränkischer und auswärtiger Künstler.

Di. – Fr. 10.00 – 13.00 Uhr
und 14.00 – 17.00 Uhr,
Sa., So. 10.00 – 13.00 Uhr

Otto-Richter-Kunsthalle

Hofstraße 11,
Tel. 09 31/5 15 52

Ausstellungsraum des Berufsverbandes Bildender Künstler und der Freunde Mainfränkischer Kunst und Geschichte.

Montag geschlossen
Di. – Fr. 10.00 – 13.00 Uhr
und 14.00 – 17.00 Uhr,
Sa., So. 9.00 – 12.00 Uhr

Röntgen-Gedächtnisstätte

Röntgenring 8,
Tel. 09 31/3 51 11 02

Mo. – Do. 8.00 – 16.00 Uhr,
Fr. 8.00 – 15.00 Uhr
jeden 1. Sa. 10.00 Uhr Führung

Historischer Zunftsaal der Fischerzunft

Saalgasse 6,
Tel. 09 31/4 23 38

Mai – Oktober
1. und 3. Sonntag im Monat
10.00 – 12.00 Uhr
Führung nach Voranmeldung

Siebold-Museum

Frankfurter Straße 87,
Tel. 09 31/41 35 41

Mit deutsch-japanischer Begegnungsstätte im Palais Siebold. Das Museum würdigt die großen Verdienste und Forschungen des 1. europäischen Japanforschers.

Di. – Fr. 15.00 – 17.00 Uhr,
Sa. u. So. 10.00 – 12.00 Uhr
und 15.00 – 17.00 Uhr

Museen im Umland

Dettelbach

Kolping- und Handwerksmuseum

Falterturm,
Tel. 0 93 24/13 05 oder 35 60

Ein Heimatmuseum, das einen Einblick in die Arbeitswelt der Vergangenheit der Kolpingsfamilie liefert. Ausgestellt werden Exponate fränkischer Handwerkskunst.

Ganzjährig nach Vereinbarung

Gemünden

Unterfränkisches Verkehrsmuseum

Frankfurter Str. 2 (Huttenschloß), Tel. 0 93 51/80 01 26 oder 80 01 50

Im ehemaligen HUTTENSCHLOSS wird dem Besucher die Unterfränkische Verkehrsgeschichte auf Straße, Wasser und Schiene sowie Telekommunikation und Leitungsverkehr gezeigt. Im Freigelände kann man eine Anzahl alter Großlokomotiven bestaunen. Das Museum bietet noch eine Spezialsammlung zur Fischereigeschichte mit lebenden heimischen Fischen.

Di., Mi., Fr. 10.00 – 17.00 Uhr,
Sa., So., Fei. 11.00 – 17.00 Uhr

Iphofen

Knauf-Museum

Am Marktplatz, Tel. 0 93 23/31-5 28 o. 31-6 25

In 20 Räumen des barocken ehemaligen fürstbischöflichen Rentamtes werden Abformungen von Reliefs aus den großen Kulturepochen präsentiert. Darunter sind Meisterwerke des Alten Ägypten, Mesopotamiens, Persiens und des Hethiterreichs, der Griechen und Römer, des Alten Indien und der Kulturen Altamerikas.

1. April – 31. Oktober
Di., Do. 10.00 – 12.00 Uhr,
Di. – So. 14.00 – 18.00 Uhr

Karlstadt

Stadtgeschichtliche Sammlung

Hauptstr. 11, Tel. 0 93 53/35 36

Das Museum dokumentiert die historische Entwicklung der Stadt, besonders in der Zeit der Renaissance. Weitere Schwerpunkte sind die Darstellungen zur Geschichte des Weinbaus, des Fachwerkbaus und der Steinbearbeitung.

1. Mai – 31. Oktober
Mi. 14.00 – 16.00 Uhr,
Sa. 15.00 – 17.30 Uhr,
So. 10.00 – 12.00 Uhr und jeden
1. So. im Monat 14.00 – 16.00 Uhr

Kitzingen

Deutsches Fasnachtsmuseum

Im Falterturm, Postfach 10, Tel. 0 93 21/2 33 55

Die einzigartige Spezialsammlung präsentiert die Entstehung und Entwicklung des traditionellen Fasnachtbrauchtums im deutschsprachigen Raum. Gezeigt wird dies u. a. anhand von Kostümen, Masken und Instrumenten.

1. April – 31. Oktober
Sa., So., Fei. 14.00 – 17.00 Uhr

Städt. Museum Kitzingen mit Heimatstube »Neuern«

Landwehrstr. 23, Tel. 0 93 21/92 00 23

Neben Beständen zur Stadtgeschichte, dem Gewerbe- und Zunftwesen, Gemälden aus dem 16. bis 20. Jahrhundert, Fayencen, Möbeln und einer Militariasammlung, werden noch Zeugnisse berühmter Kitzinger ausgestellt.

Das Heimatmuseum »Neuern« entführt den Besucher in den Böhmerwald mit Kunst, Heimatliteratur, Handarbeiten und Dokumenten.

Nach Vereinbarung

Lohr am Main

Spessartmuseum

Schloßplatz 1,
Tel. 0 93 52/20 61

Schwerpunktthemen sind Mensch und Wald, die Glasproduktion im Spessart, die Geschichte der Holzverarbeitung und Keramik. Es werden Werkstätten der Nagelschmiede, Wagner, Büttner, Schreiner und der »RÄUBER IM SPESSART« gezeigt.

Di. – Sa. 10.00 – 12.00 Uhr
und 14.00 – 16.00 Uhr,
So., Fei. 10.00 – 17.00 Uhr

Städt. Schulmuseum

Sendelbacher Str. 21,
Lohr-Sendelbach,
Tel. 0 93 52/49 60

Neben zwei eingerichteten Klassenzimmern, der Lehrerwohnung und dem Karzer, kann man sich hier über die Schulgeschichte von der Reformation bis heute (inkl. der ehemaligen DDR) informieren.

Mi. – So./Fei. 14.00 – 16.00 Uhr ab 12 Personen und für Schulklassen auch nach Vereinbarung: Anmeldung: 0 93 59/3 17

Mönchsondheim

Fränkisches Bauern- und Handwerkermuseum Kirchenburg Mönchsondheim e. V.

Iphofen, OT Mönchsondheim,
Tel. 0 93 26/12 24

In dem gesamten Komplex der ehem. KIRCHENBURG und angrenzenden altertümlichen Häusern sind 18 verschiedene Handwerkerstätten, eine Weinbauabteilung und eine reiche Anzahl landwirtschaftlicher Arbeitsgeräte untergebracht. Zu besichtigen sind noch ein Landwirtschaftshof, ein historisches Wirtshaus von 1790, ein Kräuter- und Weinbaulehrgarten sowie eine Dorfbäckerei und ein Schulmuseum.

Mitte März – August u. November
Di. – Sa. 13.30 – 18.00 Uhr,
August – Ende Oktober
Di. – Sa. 10.00 – 18.00 Uhr
So., Fei. 11.00 – 18.00 Uhr

Ochsenfurt

Heimatmuseum

Brückenstr. 26,
Tel. 0 93 31/97-0

Im »Schlößle« werden Zeugnisse aus der Geschichte der Stadt ausgestellt. Man kann sich auch über den historischen Weinbau, das Büttnerhandwerk und das Zunftwesen informieren.

Ostern – 1. November
Sa., So., Fei. 14.30 – 16.30 Uhr

Trachtenmuseum

Spitalgasse 13,
Tel. 0 93 31/97-0

Im sogenannten Greisinghaus, erbaut vom Barockbaumeister JOSEPH GREISING im Jahre 1717, werden die malerischen Kleidungsstücke des Ochsenfurter Gaus im Zusammenhang mit der Wohnkultur der Vergangenheit präsentiert.

Ostern – 1. November
Sa., So., Fei. 14.30 – 16.30 Uhr

Museum Fossil

Würzburger Str. 88,
Tel. 0 93 31/28 73

Das Museum befaßt sich mit der Geologie Unterfrankens. Zu sehen sind Fossilien der unterfränkischen Gesteinsformationen.

Auf Anfrage

Randersacker

Steinhauermuseum

Sebastian-Englerth-Stube
Tel. 09 31/70 53 17

Sammlung von Gerätschaften des Steinhauerhandwerks.

Nach Vereinbarung mit Tourist-Info

Sommerach

Turmmuseum im Maintor
Theo Steinbrenner

Tel. 0 93 24/10 54

Werke von Theo Steinbrenner, monatl. kulturelle Veranstaltungen.

Sa. 13.00 – 17.00 Uhr, So. 11.00 – 17.00 Uhr sowie nach tel. Vereinbarung, Weihnachten – Ostern geschlossen

Veitshöchheim

Schloß-Museum im Hofgarten

Hofgarten 1, Tel. 09 31/35 51 70

Im Sommerschloß der Würzburger Fürstbischöfe werden in 12 Räumen fürstliche Wohnkultur aus dem Rokoko und Empire ausgestellt. Ebenfalls aus dem Rokoko stammt der Hofgarten, der mit etwa 200 Skulpturen der Hofbildhauer Auvera, Tietz und Wagner bestückt ist.

Ostern – 31. Mai und Sept. – Okt. Sa., So., Fei. 10.00 – 12.00 Uhr und 13.00 – 17.00 Uhr Juni – August Di. – So. 10.00 – 12.00 Uhr und 13.00 – 17.00 Uhr

Synagoge und jüdisches Kulturmuseum

Thüngersheimer Str. 17,
Tel. 09 31/98 02-7 64

In den zum Teil noch erhaltenen und wieder restaurierten Häusern kann man das ehemalige Schulhaus mit Lehrerwohnung und die Synagoge besichtigen.

Do. 15.00 – 18.00 Uhr, So. 14.00 – 17.00 Uhr und nach Vereinbarung

Volkach

Heimatmuseum im Schelfenhaus

Schelfengasse 1,
Tel. 0 93 81/4 01 12

Die Stadtgeschichtliche Sammlung befindet sich in dem beeindruckenden Barockbau des Schelfenhauses, aus dem Jahre 1720, das mit seiner aufwendigen Fassade und der reichen Innenausstattung (Bildersaal mit Fresken und Festsaal mit Stuckdecke) eine wahre Augenweide ist.

Nach Vereinbarung

Werneck

Schloß Werneck

Tel. 0 97 22/2 10

Schloßpark, Kapelle und Foyer (mit Ausstellung BALTHASAR NEUMANN und Werneck)

Okt. – März: 9.00 – 17.00 Uhr, April – Sept.: 9.00 – 20.00 Uhr

Wohin zum Weinkauf?

Tips für alte und neue Freunde des Frankenweins – Wo man am besten Bocksbeutel, Schoppenweine, Frankensekt, Obstler und Tresterbrand einkaufen kann

Wichtig beim Weinkauf ist fachliche Beratung. Verlassen Sie sich nicht allein auf das Etikett, sondern probieren Sie, welcher Tropfen Ihnen am meisten zusagt.

Würzburg

Einen weit gefächerten Überblick über die Produkte aller fränkischen Anbaugebiete gibt das **Haus des Frankenweins** am Alten Kranen (vgl. S. 66).

März – Oktober:
Mo. bis Fr. von 10 – 18 Uhr,
Samstag 10 – 16 Uhr
November – Februar:
Mo. – Fr. 10 – 17 Uhr
Sa. 10– 13 Uhr, So., Fei. 11 – 16 Uhr

Parkmöglichkeit: Tiefgarage

Deutschlands größtes Weingut, der **Staatliche Hofkeller**, ist im Rosenbach-Palais am Residenzplatz zu Hause (vgl. S. 38).

Mo. bis Fr. 9.00 – 17.30 Uhr,
Samstag 9.00 – 12 Uhr;

Parkmöglichkeiten:
Hofeinfahrt im Rosenbach-Palais

Die Probierstube des **Bürgerspitals** (vgl. S. 69) liegt an der Ecke Theaterstraße/Semmelstraße.

Mo. bis Fr. von 9 – 18 Uhr,
Samstag von 9 – 15 Uhr

Lademöglichkeit im Weingutshof

Das Weingut des **Juliusspitals** gibt größere Mengen in der Klinikstraße 5 (mit Zufahrtsmöglichkeit) ab, für den Einzelverkauf steht das »Weineck Julius Echter« in der Koellikerstraße 1/2 – (Juliuspromenade Richtung Alter Kranen, erste Querstraße rechts, Ecke Bachgasse) zur Verfügung.

Das Weineck ist wochentags von 9 bis 18 Uhr, Samstag von 9 bis 13 Uhr geöffnet;

Geschäftszeit in der Klinikstraße: Montag mit Donnerstag 8 bis 12 und 12.30 bis 16.15 Uhr,

Freitag von 8 bis 12 Uhr.

Das Umland

Der Weinbau stellt einen der wesentlichen Wirtschaftsfaktoren Mainfrankens dar.

Allein an der Mainschleife, in Volkach, Escherndorf und Nordheim, gibt es weit über hundert Weinbaubetriebe. Eine komplette Liste der oft traditionsreichen Betriebe – in der die **Gebrüder König** in Randersacker, **Josef Brennfleck** in Sulzfeld oder **Georg Apfelbacher** in Dettelbach und viele andere nicht fehlen dürften – kann dieser kleine Führer allerdings nicht bieten.

Hohe Qualität kennzeichnet die Weine des Fürsten **Löwenstein-Wertheim-Rosenberg** (Homburger Kallmuth), des Fürsten **Castell**, der am Rande des Steigerwalds etwa 40 ha bewirtschaftet, und des Grafen **Schönborn von Wiesentheid**.

Zwei weit über die Grenzen Frankens hinaus bekannte Erzeuger haben ihren Sitz in Sommerhausen:

Christoph Steinmann
Neuenbergshof,
97286 Sommerhausen
Tel. 0 93 33/4 36

bietet ausdrucksstarke, trockene Rotweine und ein breites Angebot trockener Bocksbeutelweine; Weinproben nach Voranmeldung! Abfahrt Sommerhausen – Wildpark.

Montag – Samstag
8.00 – 18.00 Uhr

und

Ernst Gebhardt
Hauptstraße 21-23
97286 Sommerhausen
Tel. 0 93 33/80-0

Höchstprämiertes fränkisches Privatweingut, Sektproduktion seit 1910, Frankensekt seit 1933, fränkische Edeldestilliere, Weinspezialitäten bis zum Eiswein.

Mo. – Fr. 7.15 – 17.15 Uhr,
Samstag 8.00 – 12.00 und 14.00 – 17.00 Uhr,
Sonntag 10.00 – 12.00 und 14.00 – 17.00 Uhr.

Sehr bekannt sind auch die Weingüter

Josef Deppisch
An der Röthe 2
97837 Erlenbach b. Marktheidenfeld, Tel. 0 93 91/9 82 70

mit Privatkellerei, das auf über 120 Jahre Weinbautradition zurückblicken kann. Heute prägt bereits die 5. Generation im Hause die eigenen Frankenweine aus besten Lagen.

Viele der Weine können Besucher im hauseigenen Weinlokal »Schöpple« in urig-romantischer Atmosphäre genießen.

Mo. – Fr. 8.00 – 12.00 Uhr und von 13.00 – 17.00 Uhr

sowie

Josef Pfaff II
Weingut und Hotel »Zur Schwane«
Hauptstraße 12
97326 Volkach
Tel. 0 93 81/80 66-0

Frankenwein aus der »Schwane« bedeutet: durchgegorene Weine

der Klassiker Silvaner, Riesling und Müller-Thurgau. Zu den Spezialitäten zählen auch Winzersekte.

Montag 8.00 – 20.00 Uhr
Di. – So., Fei. 8.00 – 24.00 Uhr

Die Genossenschaften

Zahlreiche Winzer haben sich zu Vermarktungsgemeinschaften zusammengeschlossen, deren größte die Winzergenossenschaft Franken, die »GWF« in Repperndorf bei Kitzingen ist.

Gebietswinzergenossenschaft Franken eG
Alte Reichstr. 70 (direkt neben B 8)
97318 Kitzingen
Tel. 0 93 21/70 05-0

Fränkische Rot- und Weißweine, Winzersekt, Obstbrände und weitere fränkische Spezialitäten; Führungen nach Voranmeldung 0 93 21/70 05-125 ab 10 Personen möglich.

Mo. – Fr. 8.00 – 18.00 Uhr,
Samstag 8.00 – 14.00 Uhr

Gemeinsame Marketingpolitik betreiben auch die Winzer in Thüngersheim, Nordheim, Randersacker und Sommerach.

Winzergenossenschaft Thüngersheim eG
Untere Hauptstraße 1
97291 Thüngersheim
Tel. 0 93 64/50 09-0

Richtige Beratung mit Weinprobe in einer angenehmen Atmosphäre. Ihr Besuch in der VINOTHEK des ST.-MICHAEL-KELLERS und dem Thüngersheimer Weindepot wird zum unvergessenen Erlebnis.

Mo. – Fr. 8.00 – 12.00 Uhr
und von 13.00 – 17.00 Uhr,
Samstag 8.00 – 12.00 Uhr

Winzergenossenschaft Nordheim eG
Langgasse 33
97334 Nordheim am Main
Tel. 0 93 81/80 99-0

Idyllisch an der Mainschleife liegt die Winzergenossenschaft Nordheim, die u. a. Weine der bekannten Lage »Nordheimer Vögelein«, aber auch prämierte Winzersekte anbietet.

Mo. – Fr. 8.00 – 12.00 Uhr
und von 13.00 – 17.00 Uhr,
Samstag 9.00 – 17.00 Uhr,
Sonntag 14.00 – 17.00 Uhr

Winzergenossenschaft Randersacker eG
Maingasse 33
97236 Randersacker
Tel. 09 31/70 56 50

Vorrangig werden die Rebsorten Silvaner, Müller-Thurgau, Riesling und Bacchus, ergänzt durch Spezialitäten wie Rieslaner, Traminer, Weißburgunder oder Kerner angebaut und ausgebaut.

Mo. – Fr. 8.00 – 12.00 Uhr
und von 13.00 – 17.30 Uhr,
Samstag 8.30 – 13.00 Uhr

Winzerkeller Sommerach eG
Zum Katzenkopf 1
97334 Sommerach am Main
Tel. 0 93 81/80 61-0

1901 gegründet, ist der Winzerkeller Sommerach die älteste Winzergenossenschaft Frankens. Der Tradition verbunden, werden vorwiegend (fränkisch) trockene bis halbtrockene Rot- und Weißweine ausgebaut.

Mo. – Fr. 8.00 – 17.30 Uhr
Ausschank:
Samstag 9.30 – 16.00 Uhr,
Sonntag 13.00 – 18.00 Uhr

Weitere Informationen

Würzburg

Führungen – Stadtrundfahrten

STADTFÜHRUNGEN veranstaltet die CONGRESS & TOURISMUS ZENTRALE täglich von Ende April bis Oktober (Treffpunkt: Haus zum Falken am Oberen Markt, 10.30 Uhr).

STADTRUNDFAHRTEN mit dem Bus finden ebenfalls von April bis Ende Oktober statt (Abfahrt an Werktagen 14.00 Uhr, an Sonn- und Feiertagen 10.30 Uhr am Busbahnhof, neben dem Hauptbahnhof).

Information und Platzreservierung: Tel. 09 31/37-24 36.

Führungen durch die RESIDENZ finden fortlaufend statt. Der Preis ist im Eintritt inbegriffen.

Öffnungszeiten: April bis Oktober, täglich, außer Montag, 9–17.00 Uhr, November bis März, täglich, außer Montag, 10 – 16.30 Uhr, Kassenschluß jeweils 1/2 Stunde davor.

DOMFÜHRUNGEN von etwa einer Stunde finden werktags um 12 Uhr, an Sonn- und Feiertagen um 12.30 Uhr statt. Treffpunkt: Menora-Leuchter am Westportal.

Eine etwa 1 1/2-stündige Besichtigung des RATHAUSES wird von Mai bis Ende Oktober jeden Samstag um 10 Uhr angeboten. Treffpunkt: Rathauseingang in der Rückermainstraße. Die Teilnahme ist kostenlos.

GRUPPENFÜHRUNGEN und AUSFLUGSFAHRTEN: Informationen und Buchungen über CONGRESS & TOURISMUS ZENTRALE, Am Congress Centrum, 97070 Würzburg, Tel. 09 31/37-26 50.

Mozartfest und Bachtage

Alljährlich, im Sommer und im Herbst, kann Würzburg mit zwei international bedeutenden Musikveranstaltungen aufwarten. Das MOZARTFEST findet traditionell in der zweiten Juniwoche statt. Während für die Konzerte im Kaisersaal der Residenz nur ein eingeschränktes Kartenkontingent zur Verfügung steht, bietet die Aufführung der »KLEINEN NACHTMUSIK« im Hofgarten jedem Klassikfreund die Möglichkeit, den Klängen Mozarts unter freiem Himmel zu lauschen.

Kartenbestellungen beim MOZARTFESTBÜRO, Haus zum Falken, 97070 Würzburg.

Die Aufführungen der WÜRZBURGER BACHTAGE finden im November in der Kirche St. Johannis statt. Karten beim WÜRZBURGER KARTENVORVERKAUF.

Barockfeste Würzburg

Jedes Jahr Ende Mai ist die Residenz Schauplatz der musikalisch-kulinarischen Barockfeste: Internationale Orchester mit prächtiger Barockmusik, dazu im Abendprogramm ein Frühlingsmenü und erlesene Frankenweine. Anmeldungen über den FRÄNKISCHEN WEINBAUVERBAND, Haus des Frankenweins, 97070 Würzburg.

Eintrittskarten zu vielen kulturellen Veranstaltungen bietet der WÜRZBURGER KARTENVORVERKAUF in der CC-Passage, Eichhornstraße 21 an (Tel. 09 31/5 55 54).

Theater – Kleinkunstbühnen

Das STADTTHEATER (Theaterstr. 21, Tel. 09 31/39 08-0) bietet die drei Sparten Oper, Operette und Schauspiel.

In der privaten WERKSTATTBÜHNE e. V. hinter dem Stadttheater (Rüdigerstr. 4, Tel. 09 31/5 94 00) finden Aufführungen zeitgenössischer Stücke, Lesungen und Chansonabende statt.

Ebenfalls privat geführt wird das Theater CHAMBINSKY (Valentin-Becker-Str. 2, Tel. 09 31/5 12 62), in dem man sich vornehmlich der leichteren Muse verschrieben hat.

Großen und Kleinen gleichermaßen etwas zu bieten hat das PUPPENTHEATER SPIELBERG (Reiserstr. 7, Stadtteil Grombühl, Tel. 09 31/2 66 45) und das HOBBIT-PUPPENTHEATER (Münzstr. 1, Tel. 09 31/5 98 30).

Für GASTSPIELE steht die Bühne der CONGRESS & TOURISMUS ZENTRALE, Am Congress Centrum (Pleichertorstr. 5) zur Verfügung. In der CARL-DIEM-HALLE trifft sich das jüngere Publikum bei ROCK-KONZERTEN.

Eine Institution ist mittlerweile der OMNIBUS (Theaterstr. 10, Tel. 09 31/5 61 21), Würzburgs traditionsreicher und stimmungsvoller JAZZ- UND FOLK-KELLER, wo ständig Live-Konzerte geboten werden.

Tourist-Information Zimmervermittlung

CONGRESS & TOURISMUS ZENTRALE, Haus zum Falken am Markt, Tel. 09 31/37-23 98.

Hotelzimmervermittlung im voraus: CONGRESS & TOURISMUS ZENTRALE, Am Congress Centrum, Tel. 09 31/37-23 71.
Hotelzimmervermittlung am Tage der Ankunft: CONGRESS & TOURISMUS ZENTRALE, Pavillon am Hauptbahnhof, Tel. 09 31/37-23 36.

Hotelzimmer-Frei-Ansage

Hotelinformation über freie Zimmer in Würzburg und Umgebung, Tel. 09 31/1 94 14 (Tag und Nacht).

Jugendgästehaus Würzburg

Burkarderstr. 44, Tel. 09 31/4 25 90. In 62 Zimmern, davon 15 speziell für Familien, stehen 254 Betten zur Verfügung. Übernachtungen nur mit gültigem DJH-Ausweis.

Weinlehrpfade

Der Würzburger »STEINWEINPFAD« (Weinlage »Würzburger Stein«, 4,2 km Länge, mit zahlreichen Hinweistafeln, Musterweinbergen, besonderen Boden- und Gesteinsformationen – oberhalb des Hauptbahnhofes, Nähe Weingut Knoll) sowie der Weinlehrpfad »SCHLOSSBERG UND LEISTE« (mit Informationstafeln und einem schönen Blick auf Würzburg – erreichbar über die Parkplätze an der Burkarder Kirche oder Festung Marienberg) laden Wanderer und Interessierte ein.

Umgebung

Führungen – Stadtrundfahrten

STADTFÜHRUNGEN bieten praktisch alle größeren Städte an, jedoch meist nur auf Anfrage.

Ebenso können Sie Übernachtungsmöglichkeiten, besondere Attraktionen und all die wichtigen aktuellen Informationen über die Fremdenverkehrsbüros erhalten. Bitte setzen Sie sich mit der jeweiligen Tourist-Information in Verbindung.

Als Besonderheit offeriert die Stadt Karlstadt kostenfreie Führungen (jeweils von Mai bis Oktober – am 1. Sonntag im Monat um 14 Uhr, Treffpunkt am Marktplatz).

Tourist-Informationen

Tourist-Information AUB, Marktplatz 1, 97239 AUB, Tel. 0 93 35/9 71 00

Kultur- und Verkehrsamt,
Im Historischen Rathaus, 97337 DETTELBACH, Tel. 0 93 24/35 60

Verkehrsamt GEMÜNDEN,
Hofweg 9, 97737 GEMÜNDEN, Tel. 0 93 51/38 30

Tourist-Information,
Geräthengasse 13, 97346 IPHOFEN, Tel. 0 93 23/87 15-44
Mo. – Fr. 11 – 18 Uhr, Sa. und Fei. 10 – 14 Uhr

Fremdenverkehrsbüro,
In der Hohen Kemenate, Hauptstraße 56, 97753 KARLSTADT
Tel. 0 93 53/98 13 47
Mo. 15 – 18 Uhr; Di., Mi., Fr. 10 – 18 Uhr; Do. 13 – 18 Uhr; Sa. 10 – 13 Uhr

Stadtverwaltung KITZINGEN,
Schrannenstraße 1, 97318 KITZINGEN, Tel. 0 93 21/2 02 05

Tourist-Information/Landratsamt KITZINGEN, 97318 KITZINGEN, Tel. 0 93 21/9 28-0 und 9 28-1 37

Verkehrsverein,
Schloßplatz 5, 97816 LOHR, Tel. 0 93 52/51 52

Informationszentrale für Touristik MAIN-SPESSART,
Marktplatz 8, 97753 KARLSTADT, Tel. 0 93 53/7 93-2 34
Mo.– Do. 8 – 12 und 13.30 – 16 Uhr, Fr. 8 – 12 Uhr

Fremdenverkehrsamt/Stadtverwaltung,
Luitpoldstr. 17, 97828 MARKTHEIDENFELD, Tel. 0 93 91/50 04-41

Fremdenverkehrsinformation,
Hauptstr. 39, Tel. 0 93 31/58 55,
Stadtverwaltung,
Hauptstr. 42, Tel. 0 93 31/97-0,
97199 OCHSENFURT

Verkehrsverein,
Hauptstraße 15, 97286 SOMMERHAUSEN, Tel. 0 93 33/82 56

Touristik GmbH
im Würzburger Land,
Erwin-Vornberger-Platz, 97209 VEITSHÖCHHEIM, Telefon 09 31/ 98 02-7 41 oder 98 02-7 40

Verkehrsamt,
Rathaus, 97326 VOLKACH, Tel. 0 93 81/4 01 12
*Tägl. 7.30 – 16.30, Do. – 18 Uhr, Fr. – 12.30 Uhr;
von April – Okt. tägl. 7.30 – 12.30 und 13.30 – 17 Uhr, Do. – 18 Uhr, Fr. – 12.30 und 15 – 17 Uhr*

Bühnen im Umland

Das TORTURM-THEATER in Sommerhausen nimmt Kartenbestellungen unter der Telefonnummer 0 93 33/2 68 entgegen.

Ebenfalls in Sommerhausen befindet sich das BOCKSHORN-THEATER (Tel. 0 93 33/14 77).

Auswahl besonderer Feste

Anfang Mai versammeln sich in Volkach die Besucher zum allseits bekannten SPARGELMARKT auf dem Marktplatz.

FLORIAN-GEYER-FESTSPIEL, Giebelstadt, Informationen/Karten unter Tel. 0 93 34/80 80 – historisches Freilichtspiel (Juni/Juli).

Das KIRCHENBURGFEST in Mönchsondheim (erstes Wochenende im Juli) ergänzt das Angebot.

Im Oktober veranstalten die Volkacher einen FISCHMARKT, den man nicht versäumen sollte.

Lehrpfade bieten sich für Interessierte zum Wandern an. Für jeden Geschmack findet man das richtige.

WEINLEHRPFAD NORDHEIM (Informationstafeln über 25 Rebsorten, 800 m Länge, Weinlagen »Vögelein« und »Kreuzberg«).

Vesper bei der Weinbergsarbeit in Sommerhausen

WEINWANDERWEG RANDERSACKER (mit Informationstafeln und Altfränkischem Weinberg in der Lage »Pfülben«).

WEINLEHRPFAD SOMMERACH (Informationstafeln über 15 Rebsorten, 2 km, Weinlagen »Katzenkopf« und »Rosenberg«).

WEINLEHRPFAD THÜNGERSHEIM (Weinlage »Scharlachberg«, 4,5 km Länge, 16 Traubensorten, mit Blockhütten und Bildstöcken).

WEIN- UND GEOLOGIE-LEHRPFADE TRIEFENSTEIN – HOMBURG (Weinlagen »Kallmuth« und »Edelfrau«, 8 km Länge, Informationstafeln).

Der WEINLEHRPFAD VOLKACH (Informationstafeln über 9 Rebsorten, 800 m Weinlage »Volkacher Ratsherr«), Escherndorf (Weinlage »Escherndorfer Lump«).

Der FISCHLEHRPFAD VOLKACH informiert Sie mit zahlreichen Informationstafeln über heimische Fische.

Auf dem LOHRER WALDLEHRPFAD (4 km, Informationstafeln) und dem RETZSTADTER WALDLEHRPFAD (mit Ausstellung von Holzarten) können Sie die heimischen Wälder näher kennenlernen.

Der KARLSTADTER VOGELKUNDELEHRPFAD und der GEMÜNDENER NATUR- UND GESCHICHTSLEHRPFAD (Scherenburg, Slorburg, alte Eiche, Erläuterungstafeln) runden das umfangreiche Angebot ab.

Für Kinder ist der WILDPARK SOMMERHAUSEN zu empfehlen. Hier können sie verschiedene europäische Tierarten im Freilandgehege erleben: 97286 SOMMERHAUSEN, Tel. 0 93 33/90 24 19, täglich 10.00 – 18.00 Uhr, Nov. bis Febr. bis Einbruch der Dunkelheit geöffnet.

Schiffahrt auf dem Main können Sie über die WÜRZBURGER SCHIFFSTOURISTIK, Kurth & Schiebe, St.-Norbert-Str. 9, 97299 ZELL am Main, Tel. 09 31/5 85 73 oder über die MAIN-SPESSART SCHIFFFAHRT, c/o Verkehrsamt Gemünden, Hofweg 9, 97737 GEMÜNDEN, Tel. 0 93 51/38 30 buchen.

Register

Sehenswürdigkeiten in Würzburg

Orte in der Umgebung

Namensverzeichnis

Impressum: *2. aktualisierte Auflage 2000*

Idee und Konzeption: *Klaus Schinagl, Veitshöchheim*
Fotos: *Elmar Hahn, Veitshöchheim*
Texte: *Dr. Josef Kern, Würzburg*
Gestaltung: *Design by Schinagl, Veitshöchheim*
Lithographie: *Elmar Hahn Studios, Klaus Schinagl und digiline GmbH Medienservice*
Druck und Verarbeitung: *Karo-Druck OHG, Frangart*

ISBN 3-928645-13-7

Fränkische Spezialitäten

Was es mit »Blauen Zipfeln«, »Gelegtem«, »Blooz« und »Gerupftem« auf sich hat – In Franken schätzt man das Deftige – Die Würzburger Bratwurst

Wie jeder deutsche Landstrich hat auch Franken seine eigenen kulinarischen Spezialitäten. Je volkstümlicher sie sind, desto unverständlicher werden allerdings die Bezeichnungen für den Auswärtigen.

Hier ganz kurz die wichtigsten Spezialitäten, denen man auf Würzburger Speisekarten begegnen kann: »Schnickerli« oder »Kuttelfleck«, ein herzhaftes Gericht aus Kalbs- oder Rindermagen, sind nur noch selten zu finden. Ein Renner hingegen sind Schweine- und Sauerbraten mit Klößen sowie die »Blauen Zipfel«, Bratwürste, die nicht in die Pfanne wandern, sondern in einem Wurzelsud heißgemacht werden. Ganz ähnlich werden die »Züngli« (vom Schwein) zubereitet. Kurzum: man schätzt das Deftige, die Hausmacherkost. Zur Brotzeit gibt es in dicke Scheiben geschnittenen weißen und roten »Gelegten« oder »Schwartemagen«, grobe Wurstmasse, die in Schweinemägen gefüllt wurde. »Knäudeli«, das sind Blutwürste, ißt man kalt oder – aus der Schlachtschüssel – heiß mit Bauchfleisch und frischen Leberwürsten.

Eine Besonderheit stellt die »Würzburger Bratwurst« dar, bei der – wie könnte es anders sein – Frankenwein mitverarbeitet wird.

Natürlich paßt der Frankenwein auch hervorragend zum Fisch, sei es Mainaal, Hecht, Zander, Schleie, Karpfen oder die beliebten »Meefischli«, das sind gebakkene, gerade fingergroße Weißfische, die komplett verdrückt werden.

Ein absolutes Muß für jeden Gourmet ist der fränkische Spargel, der in zahlreichen Variationen zwischen Mai und Juni auf der Speisekarte steht.

Zum Wein empfiehlt sich, eine Scheibe Bauernbrot zu essen. Das steigert die Bekömmlichkeit und neutralisiert den Gaumen, wenn man unterschiedliche Weinsorten verkosten will. In den Spitälern wird darüber hinaus der »Blooz«, ein etwa tellergroßes, dünnes Salzgebäck angeboten. Gut zum Wein paßt schließlich der »Gerupfte«, ein mit Zwiebeln, Eigelb und Paprikapulver angemachter Camembert.

Guten Appetit!

WÜRZBURG

erleben

Stadtführer

mit Umgebung

Fotos: Elmar Hahn
Texte: Dr. Josef Kern
Konzeption: Klaus Schinagl

Würzburg und seine Umgebung
mit 140 farbigen Abbildungen,
Stadt- und Landplan
und ausführlichem Stichwortverzeichnis

elmar hahn verlag

ISBN 3-928645-13-7

Geleitwort

Seit alters ist Würzburg das Herz Mainfrankens. Seine Schönheit rühmte schon vor über 1300 Jahren der heilige Kilian. Dieses Lob haben seither unzählige Dichter und Reisende immer wieder erneuert.

Was Jahrhunderte erbaut und gestaltet hatten, wurde durch die Bombennacht des 16. März 1945 in nicht einmal 20 Minuten ausgelöscht. Ein Kleinod der abendländischen Kultur war vernichtet – für immer, wie viele glaubten. Aber die Menschen kamen zurück und bauten ihre Stadt neu auf. Auch wenn sich vieles gewandelt hat, Würzburg erhielt seine alte Schönheit und Anziehungskraft wieder.

Einen guten Überblick bietet dieser kleine Stadtführer. Er zeigt Würzburg als eine Stadt reicher Geschichte, bedeutender Kunstwerke, großer Namen und, nicht zuletzt, fränkischer Gastlichkeit. Lassen Sie sich einladen zu Rundgängen, zum Schauen und Betrachten, zum Erleben unserer Stadt – dieser Führer kann Ihnen dabei ein hilfreicher und informativer Begleiter sein.

Jürgen Weber
Oberbürgermeister

Inhalt

Historische Daten rund um Würzburg

~ 1000 v. Chr.	Keltische Fliehburg auf dem heutigen Marien- oder Festungsberg
~ 500 v. Chr.	Franken stoßen ins Maingebiet vor
~ 650	Fränkischer Herzogssitz
689	Märtyrertod des irischen Mönches Kilian und seiner Gefährten Kolonat und Totnan
704	1. urkundliche Erwähnung der Stadt als »Castellum Virteburch«
706	Weihe der Rundkirche auf der Festung
742	Der hl. Bonifatius gründet das Bistum Würzburg. Bestätigung durch Papst Zacharias. 1. Bischof wird der hl. Burkard
753	Gründung eines Frauenklosters in Karlburg
755	Gründung des Klosters Holzkirchen
788	1. Dombau, der in Gegenwart Kaiser Karls des Großen geweiht wird
855	Neubau des Salvator-Domes
~ 900	1. Stadtbefestigung
1030	Kaiser Konrad verleiht Bischof Mainhard Zoll-, Münz- und Marktrecht
1034 – 1045	Der hl. Bischof Bruno beginnt mit dem Bau eines neuen Domes
1042	Weihe der Burkarduskirche im Mainviertel
1133	1. steinerne Mainbrücke
1146	Besuch des hl. Bernhard von Clairvaux
1156	Kaiser Friedrich Barbarossa heiratet Beatrix von Burgund in Würzburg
1168	Auf dem Würzburger Reichstag bestätigt Kaiser Barbarossa die Herzogswürde des Bischofs
1188	Weihe des Domes
1190	Bischof Spitzenberg stirbt während des 3. Kreuzzuges
~ 1200	Planmäßige Gründung Karlstadts
1201	Gründung der Festung, Bischofssitz ab 1253
1202	Bischof Konrad von Querfurt wird in der Nähe des Domes ermordet
~ 1230	Walther von der Vogelweide stirbt in Würzburg
1232	Gründung des Klosters Maidbronn
1256	Gewählter Stadtrat und Bürgermeister
1287	Deutsches Nationalkonzil im Dom
1316	Der »Grafeneckart« wird Rathaus
1319	Stiftung des Bürgerspitales zum Hl. Geist
1348	Judenpogrom
1377	Grundsteinlegung der Marienkapelle
1397	König Wenzel in Würzburg
1400	In der Schlacht bei Bergtheim erleidet die Bürgerschaft eine verheerende Niederlage gegen das bischöfliche Heer
1401	Gründung einer ersten Universität durch Bischof Egloffstein
1481	Erster Buchdruck in Würzburg
1483	Tilman Riemenschneider kommt nach Würzburg
1493	Adam und Eva von Tilman Riemenschneider werden an der Marienkapelle aufgestellt
1518	Martin Luther zu Gast im Augustinerkloster
1521	Tilman Riemenschneider wird Bürgermeister
1525	Bauernkrieg. Die Aufständischen, unter ihnen Götz von Berlichingen, unterliegen. Riemenschneider wird eingekerkert
1531	Tod Tilman Riemenschneiders

1552 / 1554 Markgrafenkriege

1558 / 1563 Kriegsereignisse der »Grumbachschen Händel«

1561 1. Gymnasium in Würzburg

1576 Gründung des Juliusspitals

1582 Neugründung der Universität

1600 Ausbau der Festung

1618 / 1648 Der Dreißigjährige Krieg tobt in Franken

1631 König Gustav Adolf von Schweden erobert Würzburg. Schwedische Besetzung bis 1634

1649 Neubefestigung der Festung und der Stadt mit Bastionen

1659 Berufung des italienischen Baumeisters Antonio Petrini

1701 – 1705 Pietro Magnos Stuck im Dom

1711 Barockisierung des Neumünsters durch Greising. Balthasar Neumann zieht nach Würzburg

1712 Kaiser Karl VI. in Würzburg

1720 Grundsteinlegung der Residenz

1745 Fertigstellung der Residenz. Besuch der Österreichischen Kaiserin Maria Theresia

1749 Balthasar Neumann baut das Käppele

1751 – 1753 Giovanni Battista Tiepolo malt die Residenz aus

1796 Überfall der französischen Revolutionsarmee. Erzherzog Karl siegt bei Würzburg

1800 Französische Truppen besetzen die Festung

1802 Rücktritt des letzten Fürstbischofs. Würzburg wird im Verlauf der Säkularisation bayerisch

1806 Würzburg fällt an den Großherzog von Toskana. Napoleon in Würzburg

1814 Würzburg wird endgültig Bayern zugeschlagen

1816 – 1825 Kronprinz Ludwig, der spätere König Ludwig I., residiert in Würzburg

1817 Bildung des »Untermainkreises«

1822 Gründung der Städtischen Sparkasse

1828 König Ludwig I. weiht die Gaibacher Konstitutionssäule ein

1831 Gründung des Historischen Vereins von Mainfranken

1833 Richard Wagner arbeitet am Theater

1838 Offizielle Bezeichnung des Kreises als »Unterfranken und Aschaffenburg«

1841 Erste Dampfschiffe auf dem Main. Gründung des Kunstvereins

1845 1. Deutsches Sängerfest

1854 Anschluß an das Eisenbahnnetz

1856 Aufhebung der Festungseigenschaft der Stadt

1866 Im Bayerisch-Preußischen Krieg wird die Festung in Brand geschossen

1871 Große Teile der Stadtbefestigung fallen. Anlage des Ringparks

1895 Entdeckung der Röntgenstrahlen

1922 1. Mozartfest

1945 Zerstörung durch Bombenangriffe

1965 Anschluß an das Autobahnnetz

1967/68 Bau einer neuen Synagoge

1973 Würzburg erhält den »Europapreis« und wird »Europastadt«

1974 – 1978 Durch Eingemeindungen erhält die Stadt die heutige Größe und Gestalt

1987 Fertigstellung des Ratssaals im Würzburger Rathaus mit den Wandgemälden über Würzburgs Stadtgeschichte

1995 Eröffnung des Siebold-Museums

1996 Große Tiepolo-Ausstellung zum 300. Geburtstag

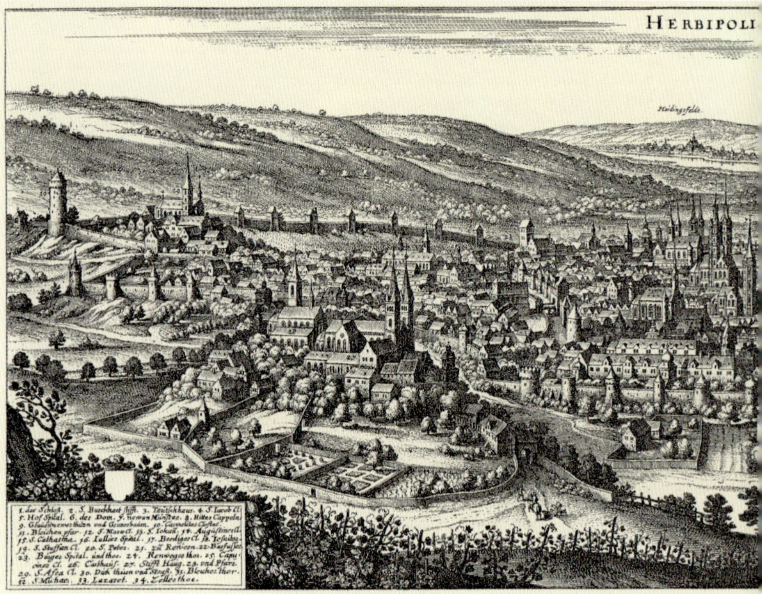

Würzburger Land im Spiegel der Geschichte

Eine unverwechselbare Stadt im Herzen Deutschlands – Kaiser, Könige und Fürstbischöfe bestimmten die Politik – Riemenschneider, Neumann und Tiepolo hinterließen Kunstwerke von Weltruf – Doch auch die nähere und weitere Umgebung der Mainfrankenmetropole weist eine große Anzahl von Sehenswürdigkeiten auf

Die Entwicklung einer Stadt wie Würzburg und der sie umgebenden Region wird von den verschiedensten Faktoren beeinflußt: Lage, Klima, Waldreichtum und Bodenbeschaffenheit, Handel und Industrie bestimmen das Zusammenleben des Menschen genauso wie die sozialen Aspekte seiner Umwelt. Verwaltung und Gerichtsbarkeit regeln seine Gemeinschaft. Diese Zusammenhänge bilden den Nährboden für Kunst und Kultur, für Architektur, Plastik und Malerei, die dieser handliche Begleiter in Wort und Bild vorstellt.

Das Flair Mainfrankens

Mainfranken hat seinen eigenen, unverwechselbaren Charakter. Schon in Merians Topographie von 1648 liest man: »Es ist im gantzen Teutschland kein Provintz oder Landsart, denn allein das Land zu Francken, welches Edel und Frey genannt wird«. Würzburg ist eine lebendige, lebensfrohe Stadt, in der die Tradition auf Schritt und Tritt spürbar wird – kein Museum, sondern eine City, in der man sich seiner Geschichte bewußt ist, sie aber mit der Gegenwart zu verbinden

Ansicht von Norden auf Würzburg von Matthäus Merian d. Ä., 1633

weiß. Dies gilt ebenso für die Gemeinden zwischen Spessart und Steigerwald, zwischen Rhön und Ochsenfurter Gau. Man wird jedoch schwerlich einen Ort finden, der eine vergleichbare Vielfalt an Sehenswürdigkeiten vorzuweisen hat. Die Residenz mit den Fresken Giovanni Battista Tiepolos, die Bauten Balthasar Neumanns und die Werke des Bildhauers Tilman Riemenschneider sind herausragende Kunstwerke. Daneben besticht die Fülle wertvoller Kirchen, Klöster und Stifte, profaner Bauten, Denkmäler und Brunnen. Und nicht zuletzt prägt der Frankenwein, dessen Rebhügel die Stadt einschließen, die Lebensweise der hier lebenden Menschen. Früher reichten zahlreiche Rebflächen bis an die Mauern der Stadt heran. Noch heute sind die besten Lagen – Stein, Schloßberg und Leiste – aus dem Stadtbild nicht wegzudenken.

Hofkeller, Julius- und Bürgerspital, der »Stachel« und andere Weinstuben erfüllen Würzburgs Stadtbild ebenso wie ungezählte Hausfiguren und Kirchtürme, die darauf hinweisen, daß Stadt und Land zwischen 1168 und 1802 von Fürstbischöfen regiert wurden.

Ein Blick in die Geschichte

Über die Frühzeit Mainfrankens und Würzburgs, das als »Castellum Virteburch« erstmals 704 in einer Urkunde erscheint, wissen wir wenig. Die Römer drangen jedenfalls nur bis zum südlichen Maindreieck, nach Marktbreit vor. Die Franken, ein Zusammenschluß germanischer Stämme, die dem Land seinen Namen gaben, verdrängten nach ihren Siegen über die Alemannen und Thüringer (496 und 531 n. Chr.) nach und nach die hier ansässige Urbevölkerung. Interessanterweise bedeutet das in den römischen Quellen verwendete Wort »Franken« soviel wie »mutig«, »kühn«, »ungestüm« und »frech« – Eigenheiten, die man bis heute größtenteils abgelegt hat. Um alle historisch wichtigen Daten der Region Mainfranken zu erfassen, bräuchten wir hier unangemessen viel Raum. Zu wechselhaft sind die verzwickten Besitzverhältnisse, die Wirren aller möglichen Händel, Streitereien, kleiner und großer Kriege und letztendlich der konfessionellen Auseinandersetzungen, um im einzelnen referiert zu werden. Begnügen wir uns mit wenigen Feststellungen: Manches gehörte in der Frühzeit Frankens den Königen oder den von ihnen geförderten Klöstern, zum Beispiel dem mächtigen Fulda. Später stritten sich Bischöfe, Fürstbischöfe, der Adel und der Klerus um Machtsphären. Die Reformation bewirkte einen weiteren Fleckerlteppich auf der politischen Landkarte: Freie Reichsstätte wie Schweinfurt verzeichneten einen Aufschwung, andere Orte litten stark unter der Gegenreformation. Kleinste Winzernester wie Neuses am Berg schieden sich in zwei Konfessionen und hatten dann zwei Kirchen ... Jeder versuchte seine Machtposition auszubauen – die Henneberger aus Thüringen, die Ansbacher im Süden, die Bamberger im Osten, die Mainzer bis an die Grenzen des Spessarts. Das vom Adel bestellte Domkapitel stritt mit dem Bischof, der Bauernkrieg von 1525 und der Dreißigjährige Krieg, Napoleon und die Neuordnung Europas, die Säkularisation vom Beginn des 19. Jahrhunderts, der Besuch Napoleons, die Regierungszeit des Großherzogs von Toskana, der Übergang an die Bayerische Krone, das Ende der Monarchie und schließlich die Zerstörung Würzburgs am 16. März 1945 – all diese Schicksalsschläge wären der Erläuterung wert. Doch dafür fehlt einfach der Platz! Ganz lapidar kann man sagen: Mainfranken ist ein an wechselvoller Geschichte reiches Land, das trotz aller Wirren eine kaum überblickbare Fülle von Sehenswürdigkeiten aufweist.

Große Künstler im Dienst der Fürstbischöfe

1483 kam der bedeutendste deutsche Bildhauer der Spätgotik, TILMAN RIEMENSCHNEIDER, nach Würzburg. Aus seiner Werkstatt stammen nicht nur Plastiken für Würzburger Kirchen, sondern auch die großartigen Altäre in Münnerstadt, Rothenburg und Creglingen, Arbeiten für Maidbronn, Rimpar, Gramschatz, Karlstadt usw.

Unter Würzburgs Fürstbischöfen ragen besonders JULIUS ECHTER VON MESPELBRUNN und die Mitglieder der Familie Schönborn hervor. Echter (1573 – 1617), ein kompromißloser Gegner der Reformation, hat sich durch die Gründung der Würzburger Universität und des nach ihm benannten Julius-Spitals bleibende Denkmäler gesetzt. JOHANN PHILIPP VON SCHÖNBORN (1642 – 1673), seit 1647 auch Kurfürst von Mainz, legte einen Ring barocker Bastionen um Stadt und Festung. Bauherren der Residenz waren JOHANN PHILIPP FRANZ (1719 – 1724) und FRIEDRICH CARL VON SCHÖNBORN (1729 – 1746). Sie waren es, die dem 1711 als

Stadtansicht aus der Schedelschen Weltchronik von 1493

Geschützgießergesellen nach Würzburg gekommenen Balthasar Neumann, nachdem dieser sich als hervorragender Baumeister erwies, die Planung dieses einmaligen Bauwerkes anvertrauten. Carl Philipp von Greiffenclau (1749 – 1754) berief den besten Freskanten seiner Zeit, den Venezianer Tiepolo, um Treppenhaus und Kaisersaal ausmalen zu lassen. Adam Friedrich von Seinsheim ließ die Hofgärten von Residenz und dem fürstbischöflichen Schloß in Veitshöchheim mit den Rokokofiguren von Peter Wagner und Ferdinand Tietz anlegen.

Würzburg, eine Stadt der Wissenschaften …

Den Ruhm Würzburgs als Stadt der Wissenschaften festigten der Naturwissenschaftler, Arzt und Japanforscher Philipp Franz von Siebold, der Mediziner Rudolf von Virchow sowie Wilhelm Conrad Röntgen, der 1895 hier die nach ihm benannten Strahlen entdeckte. 1901 erhielt er dafür den Nobelpreis, eine Auszeichnung, die auch einer Reihe anderer in Würzburg ausgebildeter oder zeitweise lehrender Wissenschaftler zuteil wurde. An Universität und Fachhochschule sind heute über 20.000 Studierende eingeschrieben, die zumeist aus der Region stammen.

… und des Weinbaus

Alles, was das Frankenland zwischen Untermain und Steigerwald, den Anbaugebieten an der Saale im Norden und den Lagen am südlichen Maindreieck an edlen Tropfen zu bieten hat, das läßt sich im Würzburger »Haus des Frankenweins« und in zahllosen Gaststuben verkosten. Dabei sollte man aber nie vergessen, daß es ebendieser Wein war, auf dem der Wohlstand Mainfrankens beruhte.

Die Festung Marienberg

Beherrschendes Wahrzeichen Würzburgs ist die mächtige Festung auf dem Marienberg – Ausgrabungen belegen dort bereits in der Hallstadtzeit (um 1000 v. Chr.) eine Fliehburg der Kelten – Im Jahr 706 soll eine erste Marienkirche errichtet worden sein, die eine alte germanische Kultstätte ablöste – Von 1201 bis zum Umzug in die Residenz war die Festung Sitz Würzburger Fürstbischöfe

Ursprung

Der Ursprung der im Lauf der Jahrhunderte immer wieder erweiterten, umgebauten, durch Kriege und Brände häufig zerstörten Festung (1) fällt in das Jahr 1201. Auseinandersetzungen zwischen Königtum und Kirche bewegten Bischof KONRAD VON QUERFURT, den strategisch günstig gelegenen Berg mit einer trutzigen Burg zu befestigen. Er ließ Gräben ziehen und den mächtigen Bergfried errichten.

Die Geschichte des Festungsberges reicht aber weiter zurück. Bei Ausgrabungen fand man Relikte aus der Zeit um 1000 v. Chr., aus denen geschlossen wird, daß sich hier einst der von einem Wall geschützte Sitz eines keltischen Herrschers befand.

Unter HERMANN VON LOBDEBURG (1225–1254) erfolgte der planmäßige Ausbau der Festung zum dauernden Sitz der Fürstbischöfe Würzburgs, bis sie 1720 von der Residenz abgelöst wurde. In die erste Hälfte des 13. Jahrhunderts fällt die Errichtung eines Palas, von dem sich wenige Reste im Fürstenbau erhalten haben. 1308 wurde der südliche Eckturm, der »RANDERSACKERER TURM«

Der turmbewehrte Mauerring des späten Mittelalters machte die Festung lange Zeit uneinnehmbar

Die romanische Rundkirche im innersten Burghof. Links das zierliche Brunnenhaus der Renaissance

hochgezogen, in dessen Kellerverlies später RIEMENSCHNEIDER gefangengehalten wurde.

Ein neuer, mit Rundtürmen besetzter Mauerring entstand während der Regierungszeit des Bischofs OTTO VON WOLFSKEEL (1333 – 1345).

Das Innere der Marienkirche mit dem spätgotischen Chor und barocken Altären

Die Idee, die Festung mit einem Ring von Bastionen zu umgeben, geht auf den Schwedenkönig GUSTAV ADOLF zurück. Fürstbischof JOHANN PHILIPP VON SCHÖNBORN griff diesen Gedanken auf und ließ ab 1649 – ein Jahr nach Ende des Dreißigjährigen Krieges – einen geschlossenen Kranz hochaufragender Bastionen errichten. Seinen Höhe- und Schlußpunkt fand dieses Werk in dem unter BALTHASAR NEUMANN ab 1725 erbauten MASCHIKULITURM zwischen den Felsen des Leistengrundes. Der seltsame Name geht auf senkrecht nach unten gerichtete Schießscharten – »Machicolis« genannt – zurück.

Besichtigung

Wer den steilen Fußweg aus dem Mainviertel hinauf zur Festung nicht scheut, gelangt durch das um 1650 geschaffene NEUTOR in den Burgbereich. Nähert man sich der Festung hingegen von Westen, muß man zunächst das äußere und innere HÖCHBERGER TOR passieren. Die gebogene Durchfahrt des SCHÖNBORNTORES hinderte Feinde daran, durch die Befestigungsanlage hindurchzuschießen. Tritt man aus diesem Torbogen, so fällt der Blick zunächst auf den KOMMANDANTENBAU, an den das riesige barocke ZEUGHAUS (1702 – 1712) anschließt. In diesen Gebäuden sowie in der benachbarten ECHTER-BASTEI befindet sich seit 1947 das »MAINFRÄNKISCHE MUSEUM« (vgl. S. 20 ff.).

Der zweite Hof

Zwei langgestreckte Wirtschaftsgebäude bilden mit der Echter-Bastion eine schlichte dreiflügelige Anlage. In der Mitte des Hofes befindet sich die von einer Balustrade umgebene PFERDESCHWEMME. Hier eröffnet sich der Blick auf das einst nur über eine Zugbrücke erreichbare SCHERENBERGTOR und auf den unter Bischof OTTO VON WOLFSKEEL (reg. 1333 – 1345) entstandenen turmbewehrten Mauer-

Das imposante Scherenbergtor führt in den innersten Hof der Festung

ring. Links vom Scherenbergtor erhebt sich der KILIANS- oder MICHAELSTURM.

Der innerste Burghof

Der nach Süden gerichtete HOFSTUBENBAU entstammt dem 19. Jahrhundert. Wie sein 1477 unter Scherenberg entstandener Vorgänger dient er dem leiblichen Wohl der Burgbesucher. Der gegenüberliegende Kammerflügel, auch Schottenflanke genannt, beherbergt Bestände des Staatsarchives.

Marienkirche

Die MARIENKIRCHE neben dem 30 m hohen BERGFRIED geht ursprünglich auf das frühe 8. Jahrhundert zurück. Angeblich wurde sie 706 gestiftet. Herzog HETAN soll sie an der Stelle gebaut haben, an der sein Vater getauft worden ist. Älteste Bauteile zeigen romanische Formen. Im Lauf der Jahrhunderte erfuhr die Rotunde eine Reihe von Veränderungen: Julius Echter ließ größere Fenster einbrechen, die Balustrade bauen und ein neues Dach aufsetzen. Damals entstand auch der Chor über einer dreischiffigen Krypta.

Das Portal von MICHAEL KERN schmücken Petrus und Paulus, darüber Maria zwischen dem Frankenapostel Kilian und St. Burkard, dem erste Würzburger Bischof.

Brunnenhaus

Wenige Schritte von der Kirche steht der zierlichste Bau der Renaissance in Mainfranken, das mit seinen Säulen wie ein kleiner Tempel wirkende BRUNNENHAUS. Es wurde über dem älteren, 104 m tiefen Schacht errichtet, der die Wasserversorgung der Festung sicherstellen sollte.

Die Festung von Westen. Rechts am Hang der Maschikuliturm

Die Festung aus der Vogelperspektive. Links im Vordergrund der Fürstengarten

Fürstenbau und Fürstengarten

Über ein Treppenhaus im Hofstubenbau gelangt man in das erste Obergeschoß des zur Stadt blickenden FÜRSTENBAUS. Zwei verheerende Brände waren Anlaß für umfassende Neubaumaßnahmen unter Julius Echter. Von der älteren Architektur haben sich nur wenige steinerne Zeugnisse erhalten, so die filigrane BIBRATREPPE von 1511 mit dem wappengeschmückten Gewölbeschlußstein.

Im ersten Obergeschoß vermittelt das FÜRSTENBAUMUSEUM einen Einblick in die Wohnkultur der Fürstbischöfe. Sehenswert sind antike Möbelstücke, die Ausmalung des Randersackerer Turmes (in dem Würzburger Münzen und Medaillen präsentiert werden), wertvolle liturgische Geräte sowie eine Sammlung barocker Meßgewänder. Das darüber liegende Stockwerk beherbergt die STADTGESCHICHTLICHE ABTEILUNG des Mainfränkischen Museums (vgl. S. 23).

Der FÜRSTENGARTEN, eine Anlage aus der Zeit um 1650 mit Blumenparterre, Wasserspielen und zwei doppellaufigen Treppen, wird von zwei achteckigen Pavillons geschmückt. Er gewährt einen herrlichen Blick hinab auf die Stadt und das Maintal.

Das Mainfränkische Museum

Die bedeutendste Sammlung von Werken Tilman Riemenschneiders – Zeugnisse einer reichen künstlerischen Vergangenheit – Denkmäler fränkischer Weinkultur

Teile der Festung Marienberg sind seit 1947 Sitz der 1913 gegründeten größten kulturhistorischen Sammlung der Region. Vor allem wegen seiner einzigartigen Bestände an Bildwerken RIEMENSCHNEIDERS hat das MAINFRÄNKISCHE MUSEUM weltweit Berühmtheit erlangt (Öffnungszeiten S. 88).

Der Kultwagen von Acholshausen (um 1000 v. Chr.)

Ein Füllhorn der Musen

Das Museum bietet einen Überblick über die Bildhauerei von der Romanik bis zum Rokoko, eine Gemäldegalerie, Möbelkunst, Glas, Fayence und Porzellan, Zeugnisse des adeligen, bürgerlichen und bäuerlichen Lebens. Aus diesem weitgefächerten Angebot kann der Besucher ganz nach seinem persönlichen Interesse auswählen – für die Höhepunkte der Sammlung sollte er jedoch etwas Zeit mitbringen.

Der Acholshäuser Kultwagen

Herausragendes Stück der Vor- und Frühgeschichte ist der um das Jahr 1000 v. Chr. entstandene spätbronzezeitliche KULTWAGEN, der in einem Steinkammergrab im Ochsenfurter Gau gefunden wurde. Die Forschung geht davon aus, daß dieser Wagen in Zusammenhang mit einem Sonnenkult steht.

Die Gemäldegalerie

Unter den vielen Bildern, die das Museum besitzt – u. a. von LUCAS CRANACH, CORNELIS DE VOS oder MARGARETHE GEIGER – ragen zwei Arbeiten des TIEPOLO hervor: Die »Berufung des Cincinnatus« (um 1728/30) und der 1750/51 gemalte Entwurf für das Deckenfresko des Kaisersaals der Würzburger Residenz.

Tilman Riemenschneider

Absoluter Höhepunkt des Museums ist der Saal mit den Werken TILMAN RIEMENSCHNEIDERS, des Hauptmeisters und Vollenders der spätgotischen Plastik in Deutschland.

In der Echterbastei werden Grabmäler der Gotik und der Renaissance gezeigt

Tilman Riemenschneiders Adam und Eva entstanden 1491/93 im Auftrag des Würzburger Rates

Der um 1460 geborene Künstler kam nach Lehr- und Wanderjahren in Schwaben und am Oberrhein 1483 nach Würzburg. Zwei Jahre später verlieh man ihm Meisterwürde und Bürgerrecht. Seine Werkstatt, in der bis zu 18 Gesellen beschäftigt waren, lieferte Altäre und Figuren für das ganze Frankenland. Am bekanntesten sind das Kaisergrab im Bamberger Dom und die Schnitzwerke für Rothenburg, Creglingen und Münnerstadt.

Adam und Eva

Am Beginn der Karriere des jungen Meisters stand der Auftrag, für das Südportal der Marienkapelle Figuren des ersten Menschenpaares zu schaffen. 1493 konnten die beiden durch ihre

Der Grabstein des berühmten Bildhauers stammt vermutlich von der Hand Jörg Riemenschneiders, eines Sohnes des 1531 verstorbenen Künstlers

Anmut und Grazie ausgezeichneten Figuren aufgestellt werden.

Adam und Eva überzeugte die Auftraggeber so sehr von der Leistungskraft des Meisters, daß man bei ihm im Anschluß die Figuren an den Strebepfeilern der Marienkapelle – Christus und die zwölf Apostel – bestellte. Ihre Originale können nun größtenteils ebenfalls im Riemenschneidersaal bewundert werden.

Die unverwechselbare künstlerische und handwerkliche Meisterschaft Riemenschneiders offenbart sich im Detail ebenso wie in der gesamten Auffassung. Die grandiose Wirkung seiner Werke beruht auf der stark verinnerlichten, zurückhaltenden Mimik und Gestik.

Der Politiker Riemenschneider

Fast alles, was Riemenschneider schuf, diente kirchlichen Zwekken. In der ECHTERBASTION treffen wir auf eine seiner wenigen profanen Arbeiten, auf den 1506 entstandenen Ratstisch. Er ist ein Hinweis auf das politische Engagement des Künstlers, den man zum Ratsherrn und sogar zum Bürgermeister gewählt hat. 1525, während des Bauernkrieges, stand er auf der Seite der Aufständischen, wofür er mit Haft und Folter schwer bestraft wurde. Danach versiegte seine Schaffenskraft.

Die Figuren des Veitshöchheimer Hofgartens

Im GARTENSAAL des Museums stehen Originale der Figuren, die der

Um 1515 schuf Riemenschneider die farbig gefaßte »Acholshäuser Madonna«, ein Meisterwerk der spätgotischen Plastik

In der Kelterhalle des Mainfränkischen Museums wird die Geschichte des Weinbaus dokumentiert

Bildhauer FERDINAND TIETZ (1708 – 1777) für die Ausschmückung des Veitshöchheimer Hofgartens schuf. Ganz vom heiteren Lebensgefühl des Rokoko getragen, erscheinen die beschwingten Gestalten eines Musikers und einer Tänzerin. Die blumengeschmückte Göttin Flora tritt mit ihrer Begleiterin als Allegorie des Frühlings auf.

Fränkische Weinkultur

Riesige Keltern, Zunftpokale, schlichte und prunkvolle Gläser sowie uralte Exemplare des Bocksbeutels – der für Franken typischen Flaschenform – werden in der KELTERHALLE ausgestellt.

Aus der Geschichte Würzburgs

Einen Überblick über die historische Entwicklung Würzburgs liefert die STADTGESCHICHTLICHE ABTEILUNG im Fürstenbau. Zwei Stadtmodelle zeigen, wie Würzburg 1525 und nach der Zerstörung 1945 ausgesehen hat. Im Marienturm hängt das nahezu 5 m hohe KILIANSBANNER, das im Jahr 1266 das Würzburger Heer im siegreichen Kampf gegen die Henneberger begleitete (Öffnungszeiten S. 88).

Kiliansbanner von 1266

Die Fürstbischöfliche Residenz

Großartigster Schloßbau des Barocks in Deutschland – Gesamtkunstwerk von Weltrang – Ein prachtvolles Denkmal absolutistischer Machtdemonstration – Drei Fürstbischöfe aus dem Hause Schönborn als Bauherren – Hauptwerk des Architekten Balthasar Neumann – Höhepunkt der barocken Malerei: Tiepolos Fresken in Treppenhaus und Kaisersaal

Die Geschichte der Residenz

Als am 22. Mai 1720 der Grundstein für die Würzburger Residenz ② gelegt wurde, war kaum abzusehen, daß die Vollendung dieses gewaltigen Unternehmens einige Jahrzehnte in Anspruch nehmen sollte.

Schon die Verwirklichung der Idee, die Hofhaltung aus der als veraltet empfundenen Festung in ein repräsentatives Stadtschloß zu verlegen, dauerte fast 40 Jahre, denn bereits 1683 hatte das Domkapitel der Verlegung zugestimmt. Um 1700 entstand ein kleines Schlößchen am Rennweg, dem allerdings keine Dauer beschieden war.

1719 schließlich bestieg JOHANN PHILIPP FRANZ VON SCHÖNBORN den Stuhl des hl. Burkard. Er war Sproß einer mächtigen, kunstsinnigen und vor allem baufreudigen Familie, aus der ein gutes Dutzend Bischöfe hervorging. Unmittelbar nach der Wahl begannen die Planungen. Die Finanzierung wurde durch einen glücklichen Umstand begünstigt: die Beschlagnahme des Vermögens eines ungetreuen

Links: Im Juni lockt Mozarts »Kleine Nachtmusik« über 10.000 Musikfreunde in den Hofgarten. Unten: Hofgarten und Südflügel der Residenz. Man erkennt im Vordergrund Peter Wagners »Raub der Persephone«

Hofkammerdirektors ließ über eine halbe Million Gulden in die Staatskasse fließen. Der Onkel des Bauherrn, Kurfürst von Mainz und Fürstbischof von Bamberg, merkte dazu humorvoll an, man sollte eigentlich diesem Beamten ein Denkmal vor dem Schlosse setzen.

Balthasar Neumann – ein genialer Architekt des Barock

Mit der Planung betraute der Fürstbischof BALTHASAR NEUMANN, 1687 in Eger geboren, der ab 1711 in Würzburg zunächst als Glocken- und Geschützgießer arbeitete. Schon früh offenbarte sich seine außerordentliche Begabung für Architektur. Aus Lehrbüchern und als Schüler des Ingenieurhauptmanns ANDREAS MÜLLER, der ihm eine große Zukunft prophezeite, bildete sich Neumann selbst zum Architekten heran. Er fertigte Pläne für Schlösser, Kirchen und Klöster und war auch als Stadtbaumeister tätig. Die Gestaltung seiner grandiosen Bauten geht stets vom Innenraum aus, der von klar gegliederten Fassaden umschlossen wird.

Planung und Bauverlauf

Schon die ersten Pläne Neumanns für die Residenz veranschaulichten das gewaltige Ausmaß des Bauvorhabens: auf einer Grundfläche von etwa 160 x 90 m sollte ein hufeisenförmiger Palast mit Ehrenhof und zwei Innenhöfen entstehen. Durch Einfügen von Zwischentrakten erhöhte sich die Zahl der Höfe auf vier; gleichzeitig ent-

Die vier Erdteile huldigen dem Würzburger Fürstbischof – Details aus Tiepolos Fresko im Treppenhaus

Vorangegangene Seiten: Blick in Neumanns monumentales Treppenhaus

Tiepolos Fresken im Kaisersaal zeigen die Hochzeit Kaiser Barbarossas mit Beatrix von Burgund (oben) und die Verleihung der Herzogswürde an den Würzburger Bischof (unten)

schloß man sich, Mittelpavillons im nördlichen und südlichen Flügel als ovale Baukörper zu errichten.

1723 wurde Neumann nach Paris geschickt, um seine Pläne von den königlichen Hofarchitekten DE COTTE und BOFFRAND begutachten zu lassen. Auf ihren Rat hin wurde die Hofkirche aus dem Nordoval

an die jetzige Stelle verlegt und das Treppenhaus neu konzipiert.

Als 1724 der Bauherr Johann Philipp Franz von Schönborn überraschend verstarb, war erst etwa ein Fünftel der Residenz verwirklicht. Unter CHRISTOPH FRANZ VON HUTTEN, dem neuen Fürstbischof, ruhten die Arbeiten bis 1729. Um so energischer griff dagegen FRIEDRICH CARL VON SCHÖNBORN nach seiner Wahl zum Fürstbischof von Würzburg und Bamberg ein. Er war Reichsvizekanzler und Bruder des verstorbenen Philipp Franz. Der Weiterbau erfolgte zunächst am Südschloß mit der Hofkirche. Zwischen 1737 und 1739 wurde schließlich am Mitteltrakt mit dem Treppenhaus und dem Kaisersaal gearbeitet. Stärker als bei der mit monumentalen Säulen gegliederten Gartenansicht dieses zentralen Bauteils zeigt die Ehrenhof-

Der Kaisersaal bietet einen stimmungsvollen Rahmen für das alljährlich stattfindende Barockfest

Fassade den nicht zu übersehenden Einfluß Wiener Architektur auf Neumann. 1744 war der Rohbau der Residenz vollendet.

Ein Gang durch die Residenz

Die Besichtigung der Residenz beginnt in der flach gewölbten EINGANGSHALLE, neben der der GARTENSAAL liegt. Durch diesen mit einem Fresko JOHANN ZICKS (»Das Mahl der Götter«, 1750) und Stukkaturen ANTONIO BOSSIS geschmückten Raum gelangte man einst in den Hofgarten.

Treppenhaus

Seit der Anlage einer »Gesandten-Treppe« im Schloß Versailles fällt diesem architektonischen Element eine herausragende, repräsentative Rolle zu. Neumann gelang mit seinem Treppenhaus eine einmalige Lösung, in der sich künstlerisches wie technisches Genie offenbarten. Die leicht ansteigenden Treppen führen in einen gewaltigen, lichtdurchfluteten Raum, der von einer flach gewölbten Decke abgeschlossen wird. Viele Zeitgenossen hielten es damals für unmöglich, die 600 Quadratmeter messende Fläche ohne Säulen oder Stützpfeiler zu überwölben.

Die Welt huldigt dem Fürstbischof

Die Ausmalung einer solch monumentalen Decke konnte nur einem Künstler von Rang anvertraut werden. Nachdem der neue Fürstbischof CARL PHILIPP VON GREIFFENCLAU – Friedrich Carl von Schönborn war 1746 gestorben – zuerst auf einen Scharlatan hereingefallen war, wurde aus Venedig der damals größte Könner seines Fachs, der Freskomaler GIOVANNI BATTISTA TIEPOLO (1696 – 1770) berufen.

Tiepolo schuf 1752/53 für einen fürstlichen Lohn das noch immer größte Gemälde der Welt (18 x 32 m). Bewunderung verdient jedoch weniger allein die Größe, sondern seine unbestrittene Großartigkeit! Die zur damaligen Zeit bekannten vier Erdteile – Europa, Asien, Afrika und Amerika (Australien galt noch nicht als Kontinent) – und antike Gottheiten huldigen dem fränkischen Herrscher, der in einem Medaillon erscheint. Schräg unter ihm, auf dem Gesims ruhend, hat Tiepolo den 1753 verstorbenen Baumeister Balthasar Neumann verewigt.

Einen Höhepunkt der Stuckdekoration zur Rokokozeit birgt der WEISSE SAAL, der zum Kaisersaal überleitet. Ganz bewußt wurde hier auf jede Buntheit verzichtet und auf die Wirkung der überschäumenden Ornamentik ANTONIO BOSSIS vertraut.

Von ihm stammen auch der Stuck und die vier eleganten antiken Götter in den Nischen des unvergleichlichen KAISERSAALS.

Den Entwurf für diesen Raum lieferte Neumann, die Krönung aber war wiederum Tiepolos Fresken vorbehalten. Oberhalb der in die Wand gestellten Säulen, deren Stuckmarmor und vergoldete Kapitäle majestätischen Prunk entfalten, schuf der Meister aus Venedig drei Gemälde, die zu den Spitzenwerken der europäischen Kunst zählen.

Die Fresken im Kaisersaal

Wie im Gemälde des Treppenhauses, das die herausragende Stellung der fränkischen Herrscher dokumentiert, sind auch die 1751/52 gemalten Bilder im Kaisersaal politisch zu verstehen.

Im Deckenspiegel erscheint auf einem Thron eine allegorische Gestalt, der GENIUS DES DEUTSCHEN

Von Johann Zick stammt das 1750 gemalte Deckenfresko des Gartensaales. Gerahmt vom herrlichen Stuck Antonio Bossis zeigt es das »Mahl der Götter«

REICHES. Sonnengott Apoll, der den fränkischen Landesherrn versinnbildlicht, führt ihm die Braut – eine Personifikation Burgunds – zu. Für den barocken Beschauer war die Bildaussage und ihr Anspruch eindeutig: Die Vereinigung des Reiches mit Burgund war das Verdienst des Würzburger Bischofs! Die Südwand bringt als ausschlaggebendes Ereignis die HOCHZEIT KAISER BARBAROSSAS MIT BEATRIX VON BURGUND in Erinnerung, die 1156 in Würzburg stattfand. Der barocken Sitte entsprechend, trägt der zelebrierende Bischof die Züge des Auftraggebers, des Fürstbischofs GREIFFENCLAU. Gegenüber werden die positiven Folgen dieser Begebenheit ins Bild gerückt: BARBAROSSA bestätigte im Jahr 1168 dem Würzburger Bischof HEROLD die Herzogswürde.

Tiepolo wäre nicht Italiener gewesen, hätte er das Geschehen nicht in ein theatralisch übersteigertes Szenario eingebunden. Bei ihm zählen nicht nur Hauptdarsteller, sondern ebenso Statisten, egal ob junger Page oder würdige antike Gottheit. Für den heiter und farbenfroh malenden Venezianer waren alle gleich.

Die Paradezimmer

Links und rechts schließen weitere im Stil der Zeit ausgestattete Repräsentationsräume an. NAPOLEON übernachtete hier 1806 und 1812. Besonders erwähnenswert sind das GRÜNE ZIMMER und das SPIEGELKABINETT, das zweifellos schönste seiner Art. Der durch die vielfältigen Spiegelungseffekte fast transparent wirkende Raum entzieht sich jeder Beschreibung.

Spätere Ausstattung

Auch die Einrichtung der Residenz war den Wandlungen der Mode unterworfen. So mußte un-

Bemalte Spiegel, goldener und farbiger Stuck bestimmen den einzigartigen Raumeindruck des Spiegelkabinetts

Würzburger Gobelins in einem der Alexander-Zimmer

ter Fürstbischof ADAM FRIEDRICH VON SEINSHEIM nach 1766 die Ausstattung des Nordflügels aus der Erbauungszeit einer frühklassizistischen Raumfolge weichen. Der kühl anmutende FÜRSTENSAAL im Louis-XVI.-Stil diente als Saal für Konzerte.

Die zum Rennweg weisenden Säle werden als GALERIE genutzt. In sinnvoller Ergänzung zu Tiepolos Meisterwerken wird hier ein Überblick der Venezianischen Malerei des 17. und 18. Jahrhunderts gewährt (vgl. S. 88).

Die Umgestaltung der Räume im Südflügel erfolgte während der Regierungszeit des GROSSHERZOGS FERDINAND VON TOSKANA. Das Fürstentum Würzburg war 1802 kurz an Bayern gefallen, dann infolge der Napoleonischen Politik an Ferdinand von Toskana, den Bruder des Österreichischen Kaisers Franz. 1814 wurde Würzburg endgültig bayerisch. Von dieser Epoche kündet der TOSKANA-SAAL im Südoval (Zugang durch den 1. südl. Innenhof). Dieser einstige Speisesaal ist mit Wandmalereien im pompejanischen Stil geschmückt.

Das »Grüne Zimmer« (1769 – 74) schließt die Folge der nördlichen Paradegemächer ab

Ein unvergleichlicher Höhepunkt barocker Raumkunst: die Hofkirche

Neumanns HOFKIRCHE ist ein unbestrittenes Glanzstück des Barock. Er teilte den rechteckigen Grundriß in Ovale auf, die von drei Kuppeln überwölbt werden. Gold und Marmor in allen Farben, Fresken von BYSS, Statuen und Stuck von BOSSI beherrschen die Dekoration. In diesem überschäumenden Prunk wird der starke Einfluß Wiener Kunst deutlich, die ganz dem Geschmack des lange dort als Reichsvizekanzler tätigen späteren Fürstbischofs FRIEDRICH CARL entsprach.

Die Gemälde über den Seitenaltären verdienen besondere Aufmerksamkeit, denn sie wurden von GIOVANNI BATTISTA TIEPOLO geschaffen. Der venezianische Meister stellte einen »Engelsturz« (links) und »Die Himmelfahrt Mariens« (rechts) dar.

Der Marienaltar auf der Empore, unmittelbar über dem Hauptaltar, war direkt von der Bischofswohnung aus zugänglich. Die golden erstrahlende Drapperie unter der monumentalen Fürstenkrone umfängt eine Hl. Dreifaltigkeit.

Kein Schloß ohne Garten

Durch eines der filigran erscheinenden Tore des aus Österreich stammenden Kunstschmiedes JOHANN GEORG OEGG gelangt man rechts der Hofkirche in den weitläufigen HOFGARTEN. Von den geschickt in das Gesamtkonzept eingebundenen älteren Bastionen hat man den besten Blick auf die langgestreckte Gartenfront der Residenz.

Überschäumende Dekoration prägt das Innere der Hofkirche

Seite 34/35: Der Frankonia-Brunnen. Links sitzt Minnesänger Walther von der Vogelweide, rechts Riemenschneider

Erste Pläne für den fürstbischöflichen Garten lieferten die Architekten MAXIMILIAN V. WELSCH und BALTHASAR NEUMANN, doch verschlang der Residenzbau nahezu alle verfügbaren Gelder. 1759 erging ein weiterer Planungsauftrag an den bayerischen Hofarchitekten FRANÇOIS CUVILLIÈRS d. Ä., die eigentliche Gestalt gewann der Hofgarten aber erst unter der Regierung ADAM FRIEDRICH VON SEINSHEIMS (1755 – 1779). Für die Bepflanzung, die Terrassen, Treppen und Rampen sowie für die Wasserbecken zeichnete JOHANN PROKOP MAYER verantwortlich.

Balthasar Neumann. Porträt von Marcus Friedrich Kleinert (1727) im Mainfränkischen Museum

Seinen besonderen Reiz erhält der Würzburger Hofgarten durch das muntere Völkchen der Putten und durch die beiden stattlichen Figurengruppen – ein »Raub der Persephone« und der »Raub der Europa« –, die Hofbildhauer PETER WAGNER geschaffen hat.

Eine der zahlreichen verspielten Puttengruppen Wagners im Hofgarten

Residenzplatz und Frankonia-Brunnen

Neben der Residenz schließen sich der GESANDTENBAU (heute Hofkeller-Weinstube) und dessen Vorbild, das bereits um 1700 fertiggestellte ROSENBACH-PALAIS von PETRINI an. KOLONNADEN, die in zwei hoch aufragenden Pylonen enden, umgeben den Platz. Der Entwurf von Hofbaumeister GEIGEL stammt aus der Zeit nach 1765.

Bis 1820 verband ein großes Gitter die beiden Flügel der Residenz. Es bildete den Abschluß des EHRENHOFES. Kronprinz LUDWIG VON BAYERN, der zeitweilig hier residierte, empfand dieses Kunstwerk jedoch als beengend und ließ es kurzerhand abreißen.

An seiner Stelle steht seit 1894 der FRANKONIA-BRUNNEN, ein Geschenk der Bevölkerung an den 1821 in der Residenz geborenen Prinzregenten LUITPOLD VON BAYERN. Zu Füßen der Frankonia, der

Herbstliche Stimmung im südlichen Hofgarten

Blick von den Bastionen auf den Mittelpavillon mit Garten- und Kaisersaal

Personifikation des Frankenlandes, sitzen drei der berühmtesten Künstler Würzburgs: Der Minnesänger WALTHER VON DER VOGELWEIDE, der seinen Lebensabend hier verbrachte, der Bildhauer TILMAN RIEMENSCHNEIDER und der Maler MATTHIAS GRÜNEWALD, von dem man sagt, er habe hier das Licht der Welt erblickt.

Martin-von-Wagner-Museum

Noch heute, nachdem die Fürstbischöfe, der Erzherzog von Toskana und das bayerische Königshaus lange schon ausgezogen sind, dient die Residenz repräsentativen Zwecken. Im Kaisersaal und im Hofgarten findet alljährlich das »Mozart-Fest« statt. Kunstfreunde aus aller Herren Länder bestaunen die Schauräume. Daneben aber bietet das Schloß noch ausreichend Platz für andere Institutionen. Im Nordflügel hat sich das Bayerische Staatsarchiv eingerichtet, große Teile des Südflügels stehen der Universität Würzburg zur Verfügung.

Dank einer großzügigen Stiftung JOHANN MARTIN VON WAGNERS (1777 – 1858), eines Sohnes des Hofbildhauers, an die Hochschule seiner Heimatstadt, verfügt die Universität Würzburg nun über eine außerordentlich reiche Kunstsammlung. WAGNER, der zum Kunstberater und -agenten des bayerischen Königs aufgestiegen war, hinterließ zahlreiche antike Vasen, Gemälde sowie Zeichnungen und Drukke. Zu den Schätzen des nach seinem Stifter benannten Museums zählen Arbeiten der deutschen, niederländischen und italienischen Schulen, Werke RIEMENSCHNEIDERS, Zeichnungen TIEPOLOS und der aus den Gärten des SALLUST in Rom stammende VIERJAHRESZEITEN-ALTAR aus Marmor (um 50 n. Chr.).

Domstraße und Westwerk des Domes. Eine von Balthasar Neumann geplante Barockfassade wurde nicht verwirklicht

Der Kiliansdom

Eine der größten deutschen Kirchen der Romanik – Ein besonders prunkvolles Mausoleum für die Schönborn-Fürstbischöfe – Diözesan-Galerie »Marmelsteiner Kabinett«

Geschichte und Baugeschichte

Bereits in vorchristlicher Zeit scheint im Bereich der Vierung des Domes ③ eine Kultstätte existiert zu haben. Tierknochen, die in der Nähe des Quellbrunnens in der Krypta gefunden wurden, untermauern diese Vermutung. Im frühen Christentum war es durchaus üblich, ältere heidnische Heiligtümer für den neuen Glauben zu vereinnahmen.

Seite 40/41: Tilman Riemenschneider am Frankonia-Brunnen. Im Hintergrund die Silhouette des Domes

Ein erster Salvatordom entstand ab 768 unter BEROWELF, dem dritten Bischof von Würzburg. 855 wurde er durch Erdbeben und Feuer zerstört. Der nachfolgende Dom wurde dann mehrfach umgebaut und erweitert. In seiner heutigen Grundform geht der Kiliansdom, wie er nun heißt, auf die Bauphase zwischen ca. 1040 und 1188 zurück. Später wurden die Osttürme erhöht und verschiedene Um- und Anbaumaßnahmen realisiert. BALTHASAR NEUMANN fügte dem Chor 1749 Sakristei und Ornatkammer sowie die Schönbornkapelle am nördlichen Querhaus an.

1945 wurde der Dom teilweise zerstört, ein Jahr später stürzte das schwer beschädigte Langhaus ein. Beim Wiederaufbau berücksichtigte man die gewachsene Architektur, nahm aber im Inneren einschneidende Veränderungen und Modernisierungen vor.

Raum und Ausstattung

Der Kontrast des flachgedeckten Langhauses mit den über und über verzierten Gewölben in Chor und Querschiff bestimmt das Innere des Kiliansdomes. Trotz des gewaltigen Stucks, den der Mailänder PIETRO MAGNO (1701 – 1704) schuf, bleibt die Grundstruktur der romanischen Pfeilerbasilika sichtbar. Die neuzeitliche, Ende der 80er Jahre abgeschlossene figürliche Ausschmückung des Chores versucht mit modernen Mitteln an die Tradition anzuschließen. Den nüchtern wirkenden Altarbereich gestaltete 1966 der Schweizer Bildhauer ALBERT SCHILLING, die Monumentalplastik in der Apsis HUBERT ELSÄSSER.

Steinerne Kunstgeschichte

Unvergleichlich ist am Würzburger Dom die bis in die Gegenwart fortgesetzte Beisetzung von Bischöfen, deren GRABMÄLER den Kirchenraum mitprägen. Diese »steingewordene Geschichte des Bistums« vermittelt anschaulich die Entwicklung fränkischer Plastik durch neun Jahrhunderte. Eine ähnliche Herrschergalerie hat nur noch der Mainzer Dom aufzuweisen. Das älteste der Grabdenkmäler erinnert an GOTTFRIED VON SPITZENBERG, der 1190 auf einem Kreuzzug starb. Die kunsthistorisch bedeutendsten aber stammen von RIEMENSCHNEIDER: das für den im 93. Lebensjahr verstorbenen Bischof RUDOLF VON SCHERENBERG, und gleich da-

Im stillen gotischen Kreuzgang. Die Obergeschosse der Türme stammen aus dem 12. Jahrhundert

Tradition und Moderne verbinden sich in der Gestaltung des Domchores

neben, das Grabmal für LORENZ VON BIBRA. Bemerkenswert ist, daß Bibra seinen Grabstein noch zu Lebzeiten in Auftrag gab.

Während das ältere Werk noch dem gotischen Stil verhaftet ist, gehören die Rahmenformen um die Bibra-Gestalt bereits zur Renaissance. Im südlichen Seitenschiff und dem Kiliansportal gegenüber sind weitere Figuren Riemenschneiders aufgestellt.

Links an den Pfeilern des Langhauses ist eine auf drei Pfeilern aufgeteilte DREIKÖNIGSGRUPPE aus dem Ende des 13. Jahrhunderts zu sehen. Die drei Großmächte jener Zeit, England, Frankreich und das Deutsche Reich (erkennbar an den heraldischen Mustern der Gewänder), huldigen dem Gottessohn.

Unter vielen Kunstwerken aller Epochen sind noch besonders das 1279 von MEISTER EKKEHART gegossene BRONZE-TAUFBECKEN, Reste gotischer Wandmalereien, das spätgotische »Jüngste Gericht« – Tympanon über dem Portal zum Kreuzgang – sowie die 1609 von MICHAEL KERN geschaffene KANZEL zu nennen.

Wer die Stufen zur KRYPTA hinabsteigt, schreitet weit in die Geschichte zurück. Hier trifft man zunächst auf das schlichte Grab des heiligen Bischofs BRUNO (1034 – 1045), eines Vetters von Kaiser KONRAD II. In einem anschließenden Raum werden Relikte aus der Frühzeit des Domes ausgestellt, außerdem Grundrisse, die seine bauliche Entwicklung aufzeigen.

Schönbornkapelle

An das nördliche Querhaus ließ der Fürstbischof von Mainz und Bamberg, LOTHAR FRANZ VON SCHÖNBORN, ab 1718 eine GRABKAPELLE für die Mitglieder seiner Familie errichten (vollendet 1736). Diese Stelle wurde deshalb gewählt, weil sie von der Residenz aus gesehen werden konnte. Baumeister des von zwei Ovalen erweiterten Kuppelraumes war BALTHASAR NEUMANN. Skelette über dem Portal mahnen die Vergänglichkeit des Menschen; im Innern dominiert schwarzer Marmor. Fresken von RUDOLF BYSS zeigen die Auferstehung und das Jüngste Gericht. Die kunstvollen Gitter schuf JOHANN GEORG OEGG.

Kreuzgang und Sepultur

Ein Ort der Stille und Einkehr ist der an die südliche Langhauswand sich schmiegende gotische KREUZGANG. Wappen schmücken

Riemenschneider: Grabmal des Rudolf von Scherenberg (1496/99)

Der Kreuzgang des Domes mit seinen eleganten Maßwerkfenstern

Der Ostchor des salischen Domes. Rechts die Schönbornkapelle, im Hintergrund Apsis, Turm und Kuppel des Neumünsters

die Schlußsteine der Gewölbe, unter denen weitere Grabdenkmäler aus verschiedenen Epochen stehen.

Vom Portal der einstigen Domschule stammt das farbig gefaßte, um 1480 geschaffene Tympanon mit einem lehrenden Propheten.

Vom Kreuzgang oder vom südlichen Querhaus kommt man in die SEPULTUR, eine GRABLEGE DER DOMHERREN aus der Zeit um 1450. Die zweischiffige Halle erhält ihr stimmungsvolles, gebrochenes Licht durch moderne, nach Entwürfen GEORG MEISTERMANNS gefertigte Fenster.

Bischofspalais

Nur wenige Schritte vom Domchor entfernt liegt der »HOF CONTI«, heute Bischöfliches Palais. Das stattliche Gebäude mit dem hübschen ERKER wurde von 1588 bis 1609 für einen Neffen des Fürstbischofs Julius Echter gebaut.

Marmelsteiner Hof

Verläßt man den Dom hingegen in Richtung Süden, stößt man auf den »MARMELSTEINER HOF«, einen 1747 von NEUMANN entworfenen, dreiflügeligen Bau. Im Eingangsbereich hinter dem Portal hängen vier mittelalterliche Wappensteine und ein Maßwerkfenster vom alten Dom. Durch eine bescheidene Pforte in der Plattnerstraße betritt man das »Marmelsteiner Kabinett«, die GALERIE DER DIÖZESE WÜRZBURG. In jährlich vier Wechselausstellungen werden Werke der Gegenwartskunst sowie Zeugnisse aus der Geschichte des Bistums gezeigt (Öffnungszeiten S. 89).

Neumünster und Lusamgärtchen

Romanik hinter barocker Prachtfassade – Grabstätte der Frankenapostel – Im Lusamgärtchen ruht der Minnesänger Walther von der Vogelweide

Geschichte

Tausende fränkischer Wallfahrer zieht es alljährlich am 7. Juli in die Neumünsterkirche ④, zu dem Ort, wo die Missionare KILIAN, KOLONAT und TOTNAN im Jahr 689 ermordet worden sein sollen. Durch ein Wunder wurden ihre Gebeine unter einer Stallung des nahegelegenen Herzogshofes gefunden, wo man sogleich eine Gedenkstätte errichtete. In der zweiten Hälfte des 11. Jahrhunderts ließ dort der heilige Bischof ADALBERO eine frühromanische Pfeilerbasilika bauen, die bis in die Barockzeit mehrfach umgestaltet und erweitert wurde.

Architektur

Während die mächtige achtseitige Kuppel und die kräftig geschwungene Fassade den Eindruck einer barocken Kirche vermitteln, verrät die östliche Ansicht die mittelalterliche Entstehungszeit. Ein Kleinod spätromanischer Architektur ist der

Der Wechsel von Säulen und Pfeilern kennzeichnet die hochmittelalterliche Architektur des Kreuzganges im Lusamgärtchen

PHILIPPUS EPISCOPUS
Aachener und Münchener

seitlich stehende, zierlich wirkende Turm, der 1766 mit einer Zwiebelhaube versehen wurde.

Ausstattung

Auch die barocke Innenausstattung – Stuck, Fresken, Hochaltar und Chorgestühl – verschleiert das hohe Alter des Neumünsters. Einige Kunstwerke verdienen besondere Beachtung: RIEMENSCHNEIDERS graziöse Sandstein-Madonna (unter der Kuppel rechts), seine Büsten der Frankenapostel auf dem Hauptaltar (Kopien nach den 1945 verbrannten Originalen), die ungewöhnliche, um die Mitte des 14. Jahrhunderts geschaffene Christusdarstellung, deren Arme sich vom Kreuzbalken gelöst haben (gegenüber), sowie der Grabstein des Abtes Trithemius aus der Werkstatt Riemenschneiders (in der rechten Vorhalle).

Der Westteil der KRYPTA unter dem Chor entstammt dem 11., der Ostteil dem 13. Jahrhundert. Die schlichte KILIANSGRUFT befindet sich unter dem Kuppelraum. Neben den Reliquien der Märtyrer birgt sie die einfachen Steinsärge Kilians und des zweiten Würzburger Bischofs, des hl. MEGINGAUD († 785). Dem Brunnen wurde früher Heilkraft bei Augenleiden zugeschrieben.

Ein Minnesänger im Kreuzgang

Im Schatten des Neumünsterchores liegt ein stiller Hof. Um 1170/80 wurde hier ein Kreuzgang geschaffen, von dem nur ein Flügel die Zeiten überdauert hat. Er sollte, als herausragendes Beispiel staufischer Architektur und Plastik, zu Beginn des 20. Jahrhunderts in ein Berliner Museum kommen, was Würzburger Kunstfreunde gerade noch verhindern konnten.

Die 16 Bogen lagern auf ornamental verzierten Säulen und Pfeilern. Zwei würdevolle Reliefs stellen den thronenden Christus und den hl. Kilian dar.

Aus der Frühzeit des Domes: romanisches Kreuz mit dem Haupt eines Bärtigen in der Krypta

Hier erinnert ein Gedenkstein an den großen Minnesänger WALTHER VON DER VOGELWEIDE. Kaiser Friedrich II. hatte ihm im Neumünsterstift einen Altersruhesitz verschafft, wo er etwa 1230 starb. Seinem letzten Willen entsprechend, wurde seine Grabstätte mit einer Vogeltränke ausgestattet. Ein weiteres Denkmal für den Dichter wurde 1843 an der Apsis der Kirche aufgestellt. Den Text lieferte der bayerische König Ludwig I.

Links: Die schwungvoll gestaltete Barockfassade des Neumünsters wurde 1716 vollendet. Das Portal unter der Treppe führt in die Kiliansgruft

Folgende Seiten: Würzburg im Abendlicht – Alte Mainbrücke, Rathausturm »Grafeneckart« und Kiliansdom

Eine Galerie von Heiligen, Kaisern und Königen ziert seit dem Barock Würzburgs älteste Brücke

Die Alte Mainbrücke

Nicht nur eine der ältesten, sondern auch eine der schönsten Steinbrücken Deutschlands – Ihre Figuren sind gleichermaßen Zeugnisse des Glaubens und eines politischen Programms

Vorläufer

Bereits vor dem Jahr 1133 soll anstelle einer Furt, die die beiden ältesten Siedlungsteile Würzburgs miteinander verband, eine steinerne Brücke ⑤ entstanden sein. Als ihr Architekt gilt der Dombaumeister ENZELIN. 1342 wurde sie – ebenso wie ihre Nachfolgerin ein Jahrhundert später – durch Hochwasser zerstört.

Erste massive Pfeiler ...

Im 15. Jahrhundert wurden die Pfeiler der heutigen Brücke errichtet. Zunächst waren sie nur durch hölzerne Konstruktionen verbunden. Erst 1607 ging man daran, zwischen die massiven Pfeiler gemauerte Bögen einzuziehen. Das letzte Joch wurde erst 1703 eingewölbt.

... und die Ausstattung der Barockzeit

Ihre barocke Gestalt erhielt die Alte Mainbrücke in der ersten Hälfte des 18. Jahrhunderts. Als 1725 ELISABETH VON ÖSTERREICH, die Schwester des Kaisers, Würzburg besuchte, da gab es nicht nur ein fulminantes Feuerwerk, für das NEUMANN zuständig war, sondern auch eine gemalte Ehrenpforte an der Brücke. Ihr Schöpfer, der Hofmaler CLEMENS LÜNENSCHLOSS, erhielt dafür eine Belohnung und von Fürstbischof CHRISTOPH FRANZ VON HUTTEN den Auftrag, ein Figurenprogramm für eine dauerhafte Dekoration zu entwerfen.

Die Brückenheiligen

Die Skulpturen auf der Südseite stammen aus der Werkstatt der Haßfurter Gebrüder BECKER, die etwas jüngeren flußabwärts von der Hand des aus Frankreich zugereisten Hofbildhauers CLAUDE CURÉ. Dieser arbeitet bereits im Auftrag Friedrich CARL VON SCHÖNBORNS, der 1729 zum Nachfolger Huttens gewählt worden war.

Die Auswahl der Figuren erfolgte nach religiösen und politischen Gesichtspunkten: Am Brückenscheitel steht die Hl. Familie, Maria als Patrona Franconiae, gegenüber Joseph und der Jesusknabe. Begleitet werden sie von den drei irischen Missionaren Kilian, Kolonat und Totnan sowie von den beiden heiliggesprochenen Bischöfen Burkard und Bruno. Die Aufstellung einer Figur Kaiser Karls d. G. und dessen Vaters Pipin ist ein Zeichen der Treue des Fürstbistums Würzburg zum deutschen Kaisertum.

Der hl. Burkard, Würzburgs erster Bischof

Dem traditionellen Brückenheiligen Nepomuk stehen schließlich noch die beiden Namenspatrone des Auftraggebers, der hl. Friedrich und Carl Borromäus zur Seite.

Von der Uferpromenade am Kranenkai hat man den schönsten Blick auf Festung und Alte Mainbrücke

ROLEX

Das Rathaus Grafeneckart

Das Würzburger Rathaus ⑥, zunächst Sitz bischöflicher Schultheißen, wurde 1316 von der Bürgerschaft erworben und im Lauf der Jahrhunderte stetig erweitert – Der »Grafeneckart«, ein massiver romanischer Steinbau mit Geschlechterturm, leitet seinen Namen von einem Burggrafen namens Eckart her, der um 1200 ermordet wurde – Der Vierröhrenbrunnen

Ursprünglich tagte der Würzburger Rat im »Hof zur Sturmglocke«, der dem »Grafeneckart« gegenüberlag. Am 5. März 1316 verkaufte der Ritter und Truchseß KUNO VON REBSTOCK seinen Hof für 370 Pfund Heller der Würzburger Bürgerschaft. Ursprünglich handelte es sich um einen zweigeschossigen Bau mit einer turmartigen Erhöhung. Die Portale, die erste öffentliche Uhr der Stadt von 1453 und der schmukke Renaissance-Erker wurden später hinzugefügt, als man zwei Stockwerke sowie den prächtigen Giebel aufsetzte und den Turm um vier Stockwerke erhöhte. Der an die Fassade gemalte, seit Ende des 16. Jahrhunderts nachweisbare »Grüne Baum« steht als Symbol für eine uralte Stätte der Rechtsprechung.

In seinem Inneren birgt dieser Bau einen der schönsten Profanräume des hohen Mittelalters in Deutschland, den »WENZELSAAL«. Zum Main hin, aber um einige

Links: Über 55 Meter ragt der »Grafeneckart«, der Turm des Rathauses in die Höhe. Im Vordergrund der Vierröhrenbrunnen – ein beliebter Treffpunkt der Würzburger und ihrer Gäste

Der historische Wenzelsaal stammt aus dem frühen 13. Jahrhundert

Meter zurückgesetzt, schließt sich die reichgegliederte Renaissance-Fassade des »ROTEN BAUS« (1659/60) an. Durch das Portal gelangt man in einen stimmungsvollen Hof mit Wappenhalle, der bei schönem Wetter den Gästen des RATSKELLERS zur Verfügung steht. Dieses 1918 eingerichtete Gasthaus schließt an die Tradition der Ratstrinkstube an. Er umfaßt alte Lagerräume sowie die einstige Kapelle der Stadtoberen. Der Besucher hat die Auswahl zwischen gemütlichen Wein- und Bierstuben, von denen besonders die mit illusionistischen Malereien ausgestattete »LAUBE« und die holzgetäfelte »SCHIESTL-STUBE« erwähnenswert sind.

Der SÜDFLÜGEL, dessen Formen sich an die Würzburger Barockbaukunst anlehnen, beherbergt den neuen Ratssaal. Monumentale Fresken von WOLFGANG LENZ künden von den wichtigsten Ereignissen der wechselvollen Stadtgeschichte.

Der Vierröhrenbrunnen

Am Platz vor dem Grafeneckart steht Würzburgs zierlichster Brunnen des Rokoko, der »VIERRÖHRENBRUNNEN«. JOHANN PETER WAGNER schuf ihn 1766 nach Entwürfen von LUKAS VAN DER AUVERA (Kopien, die Originale in der Stadtgeschichtlichen Abteilung des Mainfränkischen Museums). Über wasserspeienden Delphinen thronen die vier christlichen Kardinaltugenden. Dazwischen ragt ein Obelisk auf, auf dem Frankonia, die Symbolgestalt Frankens steht. Bei besonderen Anlässen wie Staatsbesuchen oder Bischofswahlen floß aus den vier Röhren Rot- und Weißwein, um die festliche Stimmung zu steigern.

Die Wandmalerei im neuen Ratssaal stammt von Wolfgang Lenz. Sie schildert wichtige Ereignisse der Stadtgeschichte

Putten, Falken und Rocaillen zieren den mittleren Giebel des schönsten Würzburger Bürgerhauses

Das Haus zum Falken

»Die Perle des Rokoko« am Oberen Markt gilt als einer der schönsten Profanbauten Deutschlands – Wo im 14. Jahrhundert der Dompfarrer wohnte, entstand Mitte des 18. Jahrhunderts die prächtige Stuckfassade eines Gasthauses

Gotik und Rokoko

Stärker kann der Kontrast kaum sein als zwischen der streng aufragenden Gotik der Marienkapelle und dem verspielten Rokoko des Falkenhauses ⑦! Doch das Nebeneinander der Baustile mindert nicht etwa die Wirkung der Architektur, sondern steigert sogar noch deren charakteristischen Ausdruck.

Von der Schenke zum Gesamtkunstwerk

Bis 1406 wohnte an dieser Stelle der Dompfarrer; ab 1629 wurde ein späteres Gebäude als Gasthaus genutzt, dem 1751 die unverwechselbare Stuckfassade vorgeblendet wurde. Über dem schlichten Erdgeschoß mit dem klassischen Portal erhebt sich die eigentliche Schauseite des Hauses, die von drei phantastisch geschwungenen Giebeln gekrönt ist. Der Stuck, der sich über die ganze Wand zu ergießen scheint, kann kaum im Detail geschildert werden: Puttenköpfe, Rocaillen und die unermeßliche Formenvielfalt des Rokoko wachsen zu einem Gesamtkunstwerk zusammen. In der Mitte – wie bei so vielen Häusern in Würzburg – Maria, die Mutter Gottes. Die Wolken zu ihren Füßen versinnbildlichen die Himmelfahrt.

MALSOVIT
MALSOVIT

Cafe Michel
Konditorei
Bäckerei
CAFE
CAFE WEI
Pralinen
Cafe
Lord Extra

Die Marienkapelle

Weltruhm dank Riemenschneiders »Adam und Eva« – Würzburgs Bürgerkirche steht auf dem Gelände des alten jüdischen Ghettos – Grabmäler fränkischer Ritter und Grablege Balthasar Neumanns

Die Marienkapelle ⑧, Würzburgs Bürgerkirche, entstand gegen Ende des 14. Jahrhunderts auf einem Gelände, das früher den Juden vorbehalten war. Ein unter der Kirche erhaltenes Ritualbad zeugt von dieser Vergangenheit. 1377 wurde der Grundstein gelegt. Um 1441 war die spätgotische Hallenkirche fertiggestellt, der Turmbau zog sich noch bis 1479 hin (die neugotische Turmspitze entstand erst 1856/57). Im Inneren wie im Äußeren belegt die Marienkapelle das hohe Können fränkischer Bildhauer.

Das Hauptportal zeigt im Bogenfeld ein »Jüngstes Gericht« (um 1430). Es zeigt Christus als Weltenrichter, links unter ihm den Einzug der Seligen ins Paradies, wo sie von Petrus empfangen werden. Rechts hingegen öffnet sich weit der Rachen der Hölle, in die die Verdammten – unter ihnen weltliche wie kirchliche Würdenträger – von Teufelsgestalten gezerrt werden. Eigentümlich ist die Darstellung der »Verkündigung« an der nördlichen Pforte: Vom Mund Gottvaters führt eine Art Sprachrohr, auf dem das winzige Christkind kopfüber herabrutscht, zum Ohr Marias. Das zum Marktplatz weisende Tympanon stellt die Krönung der Gottesmutter dar.

Adam und Eva

1493 wurden am Südportal Tilman Riemenschneiders Figuren des ersten Menschenpaares aufgestellt (die Originale befinden sich mittlerweile im Mainfränkischen Museum). Die anmutige

Links: Riemenschneiders Grabmal für den Ritter Konrad von Schaumburg

Rechts: Wie schon in alter Zeit schmiegen sich auch heute noch kleine Kaufmannsbuden an die Mauern der Marienkapelle

Seite 58/59: Straßencafés laden zum Verweilen ein

Grazie Adams und Evas nimmt jeden Betrachter gefangen. Auch die Christus-Gestalt über Adam und die zwölf Apostel an den Strebepfeilern der Kirche stammen aus Riemenschneiders Werkstatt.

Das Innere der Marienkapelle birgt eine Reihe wertvoller plastischer Kunstwerke. Sie war bevorzugte Begräbnisstätte des Adels und der Ratsmitglieder. Das berühmteste Grabmal gestaltete RIEMENSCHNEIDER im Jahr 1500 für den Ritter KONRAD VON SCHAUMBURG, einen fürstbischöflichen Gesandten und Kriegsminister. Die durchgeistigten Züge des strengen Gesichts und die kräftigen Locken kontrastieren wirkungsvoll mit der glatten Rüstung.

Wenige Schritte von der Gestalt des Ritters von Schaumberg entfernt trifft man auf ein weiteres interessantes Grabdenkmal. MARTIN VON SEINSHEIM († 1434) war, wie seine seltsame Halskette ausweist, Mitglied des »Fürspängerordens«, einer Vereinigung von Marienverehrern, deren Abzeichen die Gürtelspange der Gottesmutter war.

Selbst ein Heiliger fand in der Marienkapelle seine letzte Ruhe: MAKARIUS, der zwischen 1135 und 1153 Abt des Würzburger Schottenklosters war.

Eine 1953 zum 200. Todestag angebrachte Gedenktafel erinnert daran, daß auch der große Barockarchitekt BALTHASAR NEUMANN in der Marienkapelle begraben liegt.

Das Innere der spätgotischen Marienkapelle

Nächtliche Impression – Über die Kuppeln des Käppele schweift das Auge hinüber zur Festung Marienberg

Das Käppele

Prunkvolle Hülle für ein schlichtes Gnadenbild – Das Käppele ⑨, ein Wallfahrtsort für Gläubige und Touristen – Berühmte Künstler wirkten bei der Ausstattung der von Balthasar Neumann entworfenen Kirche mit

Geschichte einer Wallfahrt

Die Legende erzählt, ein Fischersohn habe 1640 ein Marienbild den Nikolausberg hinaufgetragen, um damit eine in den Wirren des Dreißigjährigen Krieges zerstörte Heiligenfigur zu ersetzen. Bald darauf verbreitete sich im Land die Kunde von Wundern und Heilungen. Der Andrang der Gläubigen nahm zu, eine erste kleine Kapelle wurde errichtet. Immer mehr Marienverehrer pilgerten heran und ließen den Wunsch nach einem repräsentativen Neubau aufkeimen.

Die Kirche Balthasar Neumanns

1740 legte NEUMANN erste Planungen vor. Da ihm am Hang nur ein beengtes Areal zur Verfügung stand und er überdies die alte GNADENKAPELLE zu berücksichtigen hatte, lag es nahe, einen Zentralbau zu konzipieren. An die alte, später erst angeglichene Kapelle mit dem Gnadenbild und den Votivgaben, fügte der Barockarchitekt ein Gebäude an, das er zur Stadt hin mit einer eindrucksvollen Fassade versah. Neumann hat es hier auf unvergleichliche

Weise verstanden, seine Architektur in die umgebende Landschaft hineinzukomponieren.

Die Ausstattung

1752 war der Bau vollendet und man konnte an die Ausstattung gehen. Die Aufträge erhielten die besten Künstler und Kunsthandwerker der Region, aber auch auswärtige Meister. Der herrliche, von kleinen Spiegeln durchzogene Stuck stammt von dem Wessobrunner JOHANN MICHAEL FEUCHTMAYER und von MATERNO BOSSI, die die Gottesmutter verherrlichenden Fresken vom Augsburger Maler MATTHÄUS GÜNTHER. Der klassizistische Hochaltar von G. J. WINTERSTEIN und die Kanzel (wiederum von M. BOSSI) wurden erst an der Wende des 18. zum 19. Jahrhundert installiert.

Zeugnisse der Frömmigkeit

Wie lebendig die Wallfahrt zum Käppele auch heute noch ist, das belegen die zahllosen Opfergaben - Votivtafeln, Figuren und Körperteile aus Wachs – die im sog. UMGANG bzw. MIRAKELGANG aufbewahrt werden, der sowohl von der Gnadenkapelle wie von der Terrasse aus zu erreichen ist.

Die Treppenanlage

Die von schattenspendenden Bäumen bestandene doppelläufige Treppenanlage, die zum Käppele emporführt, entstand erst lange nach Balthasar Neumanns Tod ab 1761. Die Figuren in den 14 kleinen Kapellen entwarf PETER WAGNER.

Ob heute noch Wunder stattfinden, sei dahingestellt. In den Kriegstagen des Jahres 1800, als sich Franzosen im Käppele verschanzt hatten, blieb der Wallfahrtsort trotz starken Beschusses jedenfalls unversehrt.

Die ganze Pracht des Rokoko – Fresken, Stuck, Stuckmarmor und Vergoldungen – zieht jeden Käppelebesucher in seinen Bann

Blick über den Alten Kranen zur Festung

Alter Kranen und Haus des Frankenweins

Mit seinem Kuppeldach, aus dem zwei weit ausladende Arme ragen, zählt der Alte Kranen ⑩ zu den markantesten Wahrzeichen Würzburgs – Franz Ignaz von Neumann, ein Sohn des berühmten Barockbaumeisters, errichtete das einmalige technische Denkmal zwischen 1767 und 1775

Zwei Gründe waren es, die Fürstbischof Adam Friedrich von Seinsheim veranlaßten, einen für seine Zeit ganz modernen Kranen in Auftrag zu geben: Er wollte den Handel mit den Nachbarstaaten intensivieren und den Güterumschlag vereinfachen bzw. beschleunigen.

Die Pläne für den Alten Kranen lieferte der Ingenieurmajor Franz Ignaz von Neumann (1733 – 1785), das sechste Kind des großen fränkischen Architekten Balthasar Neumann. Zum Schutz vor dem immer wieder drohenden Hochwasser des Mains wurde die Anlage auf eine Bastion mit Torhaus gestellt. Früher konnte man mit Wagen und Fuhrwerken aus drei Richtungen durch die mächtigen Gewölbe des Untergeschosses hindurchfahren.

Längst hat dieses einzigartige Denkmal der Technik ausgedient. Heute ist es Bestandteil vom »Haus des Frankenweins« mit seinem gemütlichen Restaurant, der attraktiven Weinverkaufsstelle und der weitläufigen Terrasse. Von hier schweift der Blick über die Alte Mainbrücke zur Festung Marienberg, über die Türme der Deutschhaus- und Schottenkirche hinüber zu den Hängen des »Stein« mit seinen bekannten Weinbergen.

Eine schmale Treppe führt von der Terrasse zur Schiffsanlegestelle, von der aus man Richtung Veitshöchheim oder Randersacker eine Bootsfahrt starten kann. Doch man sollte nicht zu schnell zu den Schiffen eilen, denn ein Fenster neben der Treppe gewährt Einsicht in das »Innenleben« des Kranens. Die aus Holz gefertigte Mechanik wurde mit Menschenkraft betrieben. Ein Laufrad und Flaschenzüge sorgten für ein reibungsloses Be- und Entladen der Frachtkähne. Während ältere Kräne über nur einen Lastarm verfügten, entwarf FRANZ IGNAZ VON NEUMANN einen Bau mit zwei Auslegern. Dank dieser Neuerung konnte viel effektiver gearbeitet werden. Nun war es möglich geworden, zur gleichen Zeit zu laden oder zu löschen und die Waren aus den angeschlossenen Speichern herbeizuschaffen bzw. dort einzulagern.

Der Alte Kranen war ein Zweckbau. Ein Wappenstein des Fürstbischofs an der Kaimauer ist der einzige künstlerische Schmuck.

Im »Haus des Frankenweins« wird fachliche Beratung groß geschrieben

Zwischen Kranen und Alter Mainbrücke erstreckt sich eine gepflegte Grünanlage. Nur noch der Name »Holztor« an einem Durchgang zur Karmelitenstraße erinnert daran, daß hier bis ins 20. Jahrhundert hinein Stämme zwischengelagert wurden, die als Flöße aus dem fernen Fichtelgebirge und dem Frankenwald geländet wurden.

Wie eine Krone ragen die Türme von Dom, Neumünster und Marienkapelle aus dem Häusermeer auf. Im Vordergrund das »Haus des Frankenweins« und der Alte Kranen

Gestiftet »zu Nutz und Wohl« der Armen und Hilfsbedürftigen – Der Weinbau trägt dazu bei, den Stiftungsauftrag zu erfüllen – Geheimrat Goethe war Kunde der Hofkellerei

Juliusspital ⑪

Der einzige Fehler des Juliusspitals sei, daß es für ein Armenhaus zu prächtig ist. So sah es zumindest ein französischer Würzburg-Besucher im 18. Jahrhundert. Und in der Tat erinnert die eindrucksvolle Barockanlage mehr an ein Schloß als an eine Institution, die für Alte und Kranke eingerichtet wurde.

Eine bischöfliche Stiftung

Ab 1576 ließ JULIUS ECHTER nach Plänen des Mainzer Architekten GEORG ROBIN vor den Mauern der Stadt einen gewaltigen vierflügeligen Komplex im Stil der Renaissance errichten. 1699 fiel jedoch alles einem verheerenden Brand zum Opfer.

Den nur vom Park und dem weiträumigen Innenhof aus sichtbaren palastartigen neuen FÜRSTENBAU entwarf der italienische Barockarchitekt ANTONIO PETRINI.

Unter den Arkaden befindet sich der Zugang zur ROKOKO-APOTHEKE – die schönste in Deutschland! Ihre Originaleinrichtung – Rezepturtisch, Regale, Plastiken des Hofbildhauers JOH. PETER WAGNER, schmiedeeiserne Arbeiten OEGGS und die Deckenmalerei – hat unbeschadet die Zeiten überdauert.

Einzig in ihrer Art ist die Rokoko-Einrichtung der Juliusspital-Apotheke

Personifikationen der fränkischen Flüsse am Brunnen des stillen Parks im Schatten des Fürstenbaus

Den Garten hinter dem Spital, in dem früher Kräuter und Arzneipflanzen kultiviert wurden, ziert der 1706 von JAKOB VAN DER AUVERA geschaffene BRUNNEN, dessen Gestalten die vier großen Flüsse Frankens symbolisieren. Wenige Schritte entfernt der zu Beginn des 18. Jahrhunderts erbaute, später um zwei Seitenteile erweiterte GARTENPAVILLON. Von 1727 bis 1853 wurde er als »anatomisches Theater« zur Ausbildung des Medizinernachwuchses genutzt. RUDOLF VIRCHOW, der berühmte Pathologe, hielt hier Vorlesungen. Heute dient der schöne, mit Deckenstuck verzierte Raum gelegentlich für Kunstausstellungen und Konzertveranstaltungen.

Nur bei Führungen zugänglich sind die schier unermeßlichen KELLER, in denen die Erträge von etwa 170 Hektar bester fränkischer Weinberge gelagert werden.

Bürgerspital zum Hl. Geist ⑫

Untrennbar mit hervorragenden Weinen verknüpft ist auch der Name des Würzburger Bürgerspitals. Wie das Juliusspital verfügt es über beste Lagen am Stein und in der Umgebung der Mainfrankenmetropole. Insgesamt sind es 140 Hektar Rebfläche.

Stifter des Bürgerspitals war der Würzburger Patrizier JOHANN VON STEREN im Jahr 1319. Die Anregung dazu dürfte er auf seiner Pilgerreise nach Rom bekommen haben, wo er das Heiliggeistspital in Sassia kennengelernt hatte. 1340 folgten die Gebrüder TEUFEL seinem Vorbild und vermachten dem Spital reichen Grundbesitz. Bis in die Gegenwart hinein erhielt das Spital weitere Zustiftungen, womit es seine Aufgabe, die Pflege von Alten und Bedürftigen, erfüllt.

Eng, aber gemütlich: beim Weinfest im malerischen Hof des Bürgerspitals

Bedeutendste Einnahmequelle aber bleibt das Weingut, dessen Produkte Weltruhm genießen.

Die kleine, äußerlich bescheidene KIRCHE ist das einzige Bauwerk der Gesamtanlage, das aus der Epoche der Spitalgründung stammt (Weihe 1371, mehrfach verändert). An der Außenwand ein hochbarockes Relief mit der Krönung Mariens, das wie die Hausmadonna über dem Eingang zur Probierstube nach der Zerstörung Würzburgs 1945 hier einen neuen Platz fand. Ebenso erging es einer Reihe weiterer Plastiken, die nun im Kircheninneren und im stimmungsvollen Hof aufgestellt sind.

Zwei Werke der ursprünglichen AUSSTATTUNG sind ins Mainfränkische Museum gewandert: das monumentale Gnadenstuhl-Relief aus der Mitte des 14. Jahrhunderts, mit Gottvater, dem Gekreuzigten und dem Hl. Geist (heute durch eine Kopie ersetzt), außerdem ein Kruzifix von RIEMENSCHNEIDER, das früher vermutlich über dem Chorbogen hing. Dennoch weist die Spitalkirche wertvolle Ausstattungsstücke auf, u. a. eine verhalten wirkende Madonna des »weichen Stils« um 1400, dann eine 1730 gestiftete Marienfigur aus der Hand eines Münchner Goldschmiedes. Das Grabmal des Stifters ging 1945 zugrunde, erhalten hat sich hingegen das seines Bruders EKRO VON STEREN († 1343).

Ein Wort zur Architektur

Da die Straßenfront des Bürgerspitals früher an den Graben der Stadtbefestigung grenzte, verwundert es nicht, daß sich der Reiz der Architektur erst im Innenhof erschließt. Der 1718 fertiggestellte dreiflügelige »ROTE BAU« mit den malerischen Arkaden und dem spielerischen Wechsel roten und gelben Sandsteins wurde von Neumanns Lehrmeister MÜLLER entworfen.

Das Haus an der Ecke Theater-/Semmelstraße entstand in den 50er Jahren des 20. Jahrhunderts.

Sein Glockenspiel und das »Männleinlaufen« fasziniert vor allem die Kinder.

Gastlichkeit

Wie das Juliusspital beherbergt auch das Bürgerspital zum Hl. Geist gemütliche GASTRÄUME, die von einheimischen Künstlern ausgeschmückt worden sind. An den kleinen Tischen bleibt man unter sich, an den großen aber kann es passieren, daß man in ein anregendes Gespräch verwickelt wird – und ein paar Schoppen mehr trinkt, als man eigentlich wollte. Den Zechern bleibt jedoch ein Trost: In den Würzburger Spitälern trinkt man stets für einen guten Zweck!

Staatlicher Hofkeller ⑬

Im Zuge der Säkularisation fiel das Hochstift Würzburg an Bayern, die Regentschaft der Fürstbischöfe war 1802 beendet. Zu der von den Wittelsbachern (und später vom Freistaat Bayern) angetretenen Erbschaft zählte auch die Residenz mit ihren mehr als 3.500 Quadratmetern Grundfläche umfassenden Weinkellern. Außerdem kam eine Reihe bester Lagen in und um Würzburg, die zuvor dem Landesherrn, dem Domkapitel, Klöstern und Stiften gehört hatten, in Staatsbesitz.

Berühmtester Kunde war JOHANN WOLFGANG VON GOETHE. Am 25. Dezember 1808, dem Geburtstag seines Sohnes, bestellte er aus der Hofkellerei vier Flaschen Stein-Wein des Spitzenjahrgangs 1783.

Verkosten kann man Frankenwein im GESANDTENBAU am Residenzplatz, beim sommerlichen Weinfest im Hofgarten und – sicherlich am stimmungsvollsten! – bei einer Probe im Kerzenschein zwischen den alten Holzfässern in den tiefen Gewölbekellern der Residenz.

Bacchus-Ecke im Keller der Residenz. Hier reifen die edlen Weine nach alter Tradition in Eichenholzfässern

Weinlese am Schloßberg, dem Sonnenhang zu Füßen der Festung

Der Frankenwein

12 Jahrhunderte Weinbau zwischen Untermain und Steigerwald – Der Bocksbeutel: schon äußerlich ein Kennzeichen für Qualität – Nicht nur Goethe wußte diesen Wein zu schätzen – Von Spitälern, Weingütern, Weinproben, dem »Stachel« und der Schorle

Würzburg und der Wein, das gehört zusammen, seit in Franken Geschichte geschrieben wird. Kaum war im Jahr 788 der Würzburger Dom im Beisein Kaiser KARLS D. G. geweiht, erscheint der Weinbau erstmals in einer Urkunde von 799. Überall, wo ein Hang günstig zur Sonne steht, ja selbst auf relativ flachem Gelände, wurden Rebstöcke gepflanzt. Heute beschränkt man sich – dank ertragreicherer Gewächse – auf gut und rationell zu bearbeitende Lagen. Auf etwa 5.000 Hektar Anbaufläche wachsen die Trauben, aus denen der unverwechselbare Frankenwein gekeltert wird.

Frankenwein ist aber nicht gleich Frankenwein! Jede Lage hat ihren eigenen Charakter, der von spezifischen klimatischen Umständen und der Bodenbeschaffenheit abhängt. Während im westlichen Frankenland Buntsandstein und Urgestein, am Steigerwald hingegen der nährstoffreiche Gipskeuper den Boden bestimmen, wächst der Wein am Main und seinen Nebenflüssen auf Muschelkalkboden. Diese Bodenart ist hervorragend geeignet Sonnenwärme zu speichern und an die Reben weiterzugeben.

Drei weitere Faktoren bestimmen nachhaltig den Gehalt eines Weines: JAHRGANG, REBSORTE und QUALITÄTSSTUFE. Der Winzer kann der Natur zwar nachhelfen, etwa durch den Rebschnitt, er ist aber stets den Launen des Wetters unterworfen. Gegen späte Fröste ist er ebenso machtlos wie gegen verregnete Sommer und einen sonnenarmen Herbst. Meint es Petrus aber gut, entwickeln sich exquisite Jahrgänge.

Die REBSORTEN (siehe Kasten S. 74) sind für den Geschmack verantwortlich. Während einer milden Müller-Thurgau bevorzugt, schwört ein anderer auf vollmundigen Silvaner. Über den Riesling, den ungekrönten König der Weißweine (der allerdings höchste Ansprüche an den Standort stellt und ausreichend Sonne braucht!), verbietet sich hingegen jede Diskussion. Von den Neuzüchtungen – Bacchus, Kerner, Scheurebe usw. – hat jede ihre Liebhaber. Diese Kreuzungen und Rückkreuzungen entstanden übrigens aus zwei Überlegungen: einerseits wollte man die Geschmackspalette erweitern, andererseits über Sorten verfügen, die widerstandsfähig und ertragreich sind.

Am Weinwanderweg oberhalb des Maschikuliturms (s. S. 16) sind sämtliche gebräuchlichen Rebsorten zur Demonstration nebeneinandergepflanzt.

Der Bocksbeutel

Der BOCKSBEUTEL, die seit Jahrhunderten für den Frankenwein gebräuchliche flache, bauchige Flasche, die an mittelalterliche Pilgerflaschen erinnert, gilt als Symbol hoher Qualität. Was sich darin befindet, entnimmt man dem ETIKETT: Jahrgang, Lage, Rebsorte, Qualitätsstufe, Produzent und amtliche Prüfnummer. Jeder Qualitätswein aus Franken wird einer offiziellen Prüfung unterzogen, ehe er vermarktet werden darf. Gemäß Herstellungsverfahren, Öchsle- bzw. Alkoholgraden wird ihm ein besonderes Prädikat verliehen. Herausragende Tropfen werden bei der alljährlich stattfindenden Weinprämierung mit zusätzlichen Auszeichnungen – Gold-, Silber- und

Auch bei einem kurzen Aufenthalt in Würzburg sollte man sich eine Weinprobe nicht entgehen lassen

Sorgfältig überwachen die Kellermeister den Reifungsprozeß des Weines in alten Eichenfässern

Gemütliche Weinprobe im Haus des Frankenweins mit Festungsblick

Bronzemedaillen – geehrt (was dann auch bei der Preisgestaltung eine Rolle spielt). Im Kasten – S. 74 – sind die Prädikatsstufen aufgeführt.

Auch Goethe liebte Frankenwein

Der Frankenwein hatte immer seine Freunde und Verehrer, darunter auch berühmte wie den Musiker JOHANN SEBASTIAN BACH oder den Dichterfürsten JOHANN WOLFGANG VON GOETHE. 1808 war ihm der Jahrhundertwein von 1783 gerade gut genug, 1816 bestellte er fast 200 Liter, 1821 900 Liter Frankenwein! Zur Krönung der englischen Königin ELISABETH II. wurde das Beste aus den Kellern des Juliusspitals gereicht. Frankenwein ist von Staatsbanketten und offiziellen Empfängen nicht mehr wegzudenken. Man muß aber weder Dichterfürst noch Staatsmann sein, um sich eines edlen Tropfens zu erfreuen.

Die Weinstuben

Am leichtesten schließt man Freundschaft mit dem Frankenwein in einer typischen Würzburger Weinstube, im Johanniter- oder Maulaffenbäck, im traditionsreichen »Stachel« (seit 1413), wo schon RIEMENSCHNEIDER oder die Anführer des Bauernkrieges

Die wichtigsten Rebsorten des Frankenweins

MÜLLER-THURGAU

eine nach ihrem Züchter benannte Kreuzung aus Riesling und Silvaner. Mild in der Säure, duftig und blumig.

SILVANER

seit 1665 in Franken bezeugt. Kräftiger, körperreicher und vollmundiger Wein.

RIESLING

gilt als die edelste Weißweinsorte. Er besticht durch sein feines Bukett, durch feine Säure, Rasse und Eleganz.

KERNER

eine Kreuzung des roten Trollingers mit dem Riesling, wird wegen seines guten Ertrages gerne angebaut. Geschmacklich kommt er dem Riesling nahe.

SCHEUREBE

ist wie der Müller-Thurgau eine Kreuzung, die spät zur Reife gelangt. Elegant, körperreich und fruchtig-aromatisch.

BACCHUS

der Gott des Weines, beschert seinen Trinkern ein angenehm blumiges Bukett und einen fruchtigen Geschmack.

SPÄTBURGUNDER

führt die Liste der in den vergangenen Jahren vermehrt angebauten Rotweinsorten in Franken an. Er ist körperreich, von feiner Würze und rubinrotem Glanz.

Neben diesen Sorten bieten die fränkischen Winzer u. a. RIESLANER, RULÄNDER, ORTEGA, PERLE, TRAMINER und die Rotweine PORTUGIESER und SCHWARZRIESLING an.

Wein und Kunst: Seit Jahrhunderten schmückt man die Faßböden mit allegorischen Schnitzereien

von 1525 ihren Schoppen (1/4 Liter) tranken. Zur gemütlichen Einkehr laden die Stuben der drei großen Weingüter: Hofkeller im Gesandtenbau am Residenzplatz, Bürgerspital in der Theaterstraße und Juliusspital am Barbarossaplatz/Ecke Juliuspromenade.

Während die großen Güter ihre eigenen Erzeugnisse anbieten, ist der Wirt einer Weinstube stets bedacht, eine charakteristische Auswahl fränkischer Weine zu führen.

Feste

Wer eine charmante fränkische Weinkönigin persönlich erleben will, darf die Eröffnung eines der vier großen Würzburger Weinfeste nicht versäumen. Das Hofschoppenfest des Bürgerspitals findet alljährlich im Juni statt. Das Hofgartenweinfest kurze Zeit später und das Weindorf auf dem Marktplatz leiten über zum großen Winzerfest im Zelt auf dem Platz an der Talavera unter der Friedensbrücke (Ende September/Anfang Oktober).

Folgende Seiten: In Neumanns Gewölbe unter der Residenz ruhen die Fässer des Staatlichen Hofkellers

Weinproben

Der Reiz einer Weinprobe unter fachmännischer Anleitung besteht vor allem im Verkosten der unterschiedlichen Sorten, Qualitäten und Jahrgänge. Besonders festlich ist die Weinprobe des Fränkischen Weinbauverbandes in der Kelterhalle des Mainfränkischen Museums. Romantikern sei eine Probe in den Gewölbekellern der Residenz ans Herz gelegt.

Auskünfte erteilen die Weingüter sowie die Gebietsweinwerbung Frankenwein-Frankenland, Kranenkai 1, 97070 Würzburg.

Fränkischer Sekt

Seit 1834 wird in Würzburg Sekt im klassischen Flaschengärungsverfahren hergestellt. Neben der Kellerei Oppmann haben die großen Güter das spritzige, trocken ausgebaute Getränk im Sortiment.

Toujours l'amour

Wenn im Sommer die Sonne herunterbrennt und der Wein als Durstlöscher zu gefährlich wird,

Fränkische Qualitätsweine mit Prädikat

Auf die Öchslegrade kommt es an – Aus Mostzucker wird Alkohol – Mit dem Zuckergehalt der Traube steigt der Alkoholgehalt des Weines

Öchslegrade sind eine Maßeinheit auf der von dem Pforzheimer Ferdinand Öchsle erfundenen Mostzuckerwaage. Sie zeigt das spezifische Gewicht des noch unvergorenen Mostes an. Kurz gefaßt: die Öchslegrade geben an, um wieviel ein Liter Wein schwerer als ein Liter Wasser ist.

KABINETT:	ein leichter, ausgereifter, meist trockener Wein. Mindestens 10 g Alkohol/Liter = 76° Öchsle.
SPÄTLESE:	reif und füllig. Mindestens 11,4 g Alkohol/l = 85° Öchsle. Die Trauben werden in vollreifem Zustand geerntet.
AUSLESE:	aus voll- und überreifen Trauben, die gesondert gekeltert werden. Nicht unter 100° Öchsle, mindestens 13,8 g Alkohol/l. Intensiv im Geschmack, mit starkem Bukett.
BEERENAUSLESE:	ab 17,7 g Alkohol/l = 125° Öchsle. Bernsteinfarben mit ausgeprägter Fruchtnote.
TROCKENBEEREN-: AUSLESE	gekeltert aus rosinenartig eingeschrumpften Beeren. Entsprechend hoch der Alkoholgehalt – Minimum 21,5 g Alkohol/l = 150° Öchsle. Zugegebenermaßen nicht gerade billig, aber von edler Süße – und über Jahrzehnte hinweg lagerfähig.

Der romantische Hof der traditionsreichen Weinstube »Zum Stachel«

greift man im Frankenland gern zur »Schorle«, einer Mischung aus einem Achtel Liter Wein und einem Achtel Liter Mineralwasser. Der Begriff Schorle soll übrigens vom Trinkspruch eines französischen Generals abgeleitet sein, der 1811 jedes Glas seines Lieblingsgetränkes Champagner mit dem Hoch auf die Liebe – »toujours l'amour!« – quittierte; die Würzburger, nachahmungsfleißig, gossen Sprudel in ihren gelben Wein, der Volksmund murmelt etwas von »Schorle-morle«, weil er es wohl nicht besser verstanden hat, woraus dann das Wort Schorle entstanden sein soll.

Federweißer und Bremser

Während der Zeit der Weinlese wird wie überall in Weingegenden »Federweißer«, fränkisch »Bremser«, ausgeschenkt. Das ist der frisch gärende Traubenmost, von dessen Süße man sich allerdings nicht über den Alkoholgehalt hinwegtäuschen lassen sollte!

Tresterschnaps

Eine Spezialität ist schließlich auch der aromatische Tresterschnaps, ein traditionsreicher Brand, den die Winzer aus den beim Keltern entstandenen Rückständen gewinnen.

Weitere Sehenswürdigkeiten

Kirchen, Domherren- und Adelshöfe – Brunnen und Grünanlagen – Die »Frankenwarte« auf dem Nikolausberg – Die Universität – Ausflugsziele

Natürlich verfügt Würzburg neben den bisher vorgestellten Kunstdenkmälern noch über zahlreiche weitere Sehenswürdigkeiten, die dem Besucher bei seinen Streifzügen durch die Stadt ins Auge fallen. Die wichtigsten werden hier knapp vorgestellt.

Romanische und gotische Kirchen

Das Würzburger Stadtbild wird bis in die Gegenwart hinein von der unverwechselbaren Silhouette der vielen Kirchtürme und Kuppeln bestimmt.

Gotisches Portal der Deutschhauskirche am Schottenanger

Eines der ältesten Gotteshäuser Würzburgs ist St. Burkard ⑯ zu Füßen des Festungsberges. Burkard gründete an dieser Stelle um 750 das Andreas-Kloster, das – bevor der erste Dom gebaut wurde – auch Sitz des Bischofs war. Die Grundsteinlegung der heutigen Kirche fällt in das Jahr 1033. In Gegenwart Kaiser Heinrichs III. sowie anderer europäischer Herrscher und Kleriker wurde sie 1042 geweiht. Etwa 400 Jahre später erweiterte man die romanische Basilika um ein zweischiffiges gotisches Querhaus und einen weiten Chor. Neben der malerischen Vorhalle sind einige Ausstattungsstücke besonders erwähnenswert: Ein frühgotisches Kapitell, das nun als Opferstock dient, ein eindrucksvolles Kreuzigungsrelief aus dem 14. Jahrhundert und Tilman Riemenschneiders farbig gefaßte Madonnenbüste.

Ebenfalls auf der linken Mainseite finden sich Spuren der romanischen Basilika St. Jakob, besser bekannt als Schottenkirche. Von ihr, die heute Don-Bosco-Kirche ⑭ heißt, haben sich allein die Krypta, das Turmpaar und der frühgotische Chor erhalten. Im benachbarten Pfarrhaus wohnte der erste Lehrmeister Balthasar Neumanns, der Gießer Ignaz Kopp.

Nur wenige Schritte vom Schottenanger entfernt erhebt sich die gegen Ende des 13. Jahrhunderts vollendete Deutschhauskirche ⑮. Wie der Name ausweist, diente dieser erste Bau der Frühgotik in Würzburg dem Deutschen Rit-

St. Burkard im Mainviertel. Rechts der romanische Teil, neben den Türmen das Querschiff und der gotische Chor

terorden als Kirche. Im Inneren trifft man auf recht qualitätvolle Bauplastik und auf gute Grabmäler (aus der einstigen Johanniterkommende in der Stadt; weitere Exemplare im Bayerischen Nationalmuseum München).

Der Überlieferung nach befand sich im Umfeld des Schottenklosters im hohen Mittelalter ein Königshof, in dem Kaiser FRIEDRICH BARBAROSSA 1156 Hochzeit mit BEATRIX VON BURGUND feierte – ein Ereignis, das TIEPOLO knapp 600 Jahre später im Kaisersaal der Residenz dargestellt hat.

Äußerlich schlicht, wie es sich für das Gotteshaus eines Bettelordens gehört, bietet sich die FRANZISKANERKIRCHE ⑰ dar. Das Kloster ist die älteste Niederlassung des Ordens in Deutschland, es wurde 1221, noch zu Lebzeiten des hl. FRANZ VON ASSISI gegründet. Auch hier gibt es interessante Epitaphien, u. a. von PETER, dem letzten Ritter von Randersacker.

Eine Synthese von Bauteilen weit auseinanderliegender Epochen zeigt die PETERSKIRCHE ⑱. Es war bestimmt Sparsamkeit, die die Bauherren bewegte, bei der barocken Erweiterung 1717 die romanischen Türme und den gotischen Chor beizubehalten.

KLOSTER HIMMELSPFORTEN ⑳, eine Anlage des 13. Jahrhunderts außerhalb der Altstadt, beherbergt in seinem frühgotischen Kreuzgang eine Reihe von Grabdenkmälern des späten Mittelalters.

Barock und Klassizismus

Mit seiner prachtvollen Doppelturmfassade, hinter der sich eine kühne Kuppelkonstruktion erhebt, zählt STIFT HAUG ㉑ zu den markantesten Bauwerken Würzburgs. Der Italiener ANTONIO PETRINI errichtete dieses erste Beispiel barocker Architektur in

Stift Haug

Franken zwischen 1670 und 1691. Den Hauptaltar schmückt ein monumentales Gemälde des Venezianers JACOPO TINTORETTO von 1583.

Von PETRINI stammt auch die KARMELITEN- oder REURERKIRCHE ㉒ in der Sanderstraße. Hinter der wuchtig wirkenden Barockfassade erstreckt sich ein einfaches tonnengewölbtes Langhaus, das von einem rechteckigen Chorraum abgeschlossen wird.

Die AUGUSTINERKIRCHE ㉓ in der Schönbornstraße befand sich ursprünglich im Besitz der Dominikaner. Den Plan zur 1270 geweihten Anlage soll der Sage nach der hl. ALBERTUS MAGNUS selbst geliefert haben. Heute ist von diesem frühgotischen Bau nur noch der Chor erhalten; der Kirchenraum sowie die schlichte zweigeschossige Fassade stammen von keinem Geringeren als BALTHASAR NEUMANN (ab 1743). Von der prächtigen Rokoko-Einrichtung hat nur wenig die Zeiten überdauert. ANTONIO BOSSI, dessen bekanntestes Werk der »Weiße Saal« der Residenz ist, schuf den zurückhaltend eleganten Stuck, der die gotischen Formen des Chores wirkungsvoll überspielt.

Die Neubaukirche dient seit ihrer Wiederherstellung als festlicher Versammlungsraum der Würzburger Universität

Maschikuliturm und Käppele

Die frühklassizistische MICHAELSKIRCHE ㉔ am südlichen Eingang des Hofgartens verfügt über eine moderne Ausstattung. ST. STEPHAN ㉕, gleich nebenan, wurde – wie das SPITÄLE ㉖ im Mainviertel – 1789 gebaut.

Zeitgenössischer Kirchenbau

Drei der in jüngerer Zeit errichteten Sakralbauten Würzburgs verdienen besondere Erwähnung: ST. ALFONS ㉘ auf der Sieboldshöhe, mit dem riesigen Chorfresko GEORG MEISTERMANNS (1954), ST. JOHANNIS ㉗, in der Nähe der Residenz, von RIEMERSCHMID, und OLAF A. GULBRANSSONS 1959/61 in der Zellerau gebaute ERLÖSERKIRCHE ㉙.

Neubaukirche und Universität

Nachdem der ersten, 1401 gegründeten Universität eine nur kurze Lebenszeit beschieden war, schuf Fürstbischof JULIUS ECHTER 1582 erneut eine Hochschule. Sichtbares Zeichen der ALTEN UNIVERSITÄT ist die NEUBAUKIRCHE ㉚, die mittlerweile als Fest- und Konzertsaal genutzt wird. Äußerlich noch der Gotik verpflichtet, zeigt ihr Inneres die klaren Formen der Renaissance. Der Turm, mit 79 m der höchste in Würzburg, wurde erst 1696 von PETRINI vollendet.

Mittlerweile ist die JULIUS-MAXIMILIANS-UNIVERSITÄT längst der Enge der Innenstadt entwachsen. 1896 zog man in die NEUE UNIVERSITÄT ㉛, einen prächtigen Bau im Stil der Neurenaissance, am Sanderring um. Die medizinischen und die naturwissenschaftlichen Institute wurden in die Nähe des Juliusspitals verlegt. Hier lehrte RUDOLF VIRCHOW, und hier entdeckte WILHELM CONRAD ROENTGEN 1895 die nach ihm benannten Strahlen, wofür er 1901 mit dem Nobelpreis ausgezeichnet wurde.

Ein Japanforscher aus Würzburg

Zwischen Neuer Universität und Gerichtsgebäude erinnert ein Denkmal an einen anderen großen Würzburger Gelehrten, den Arzt, Naturwissenschaftler und Japan-Forscher PHILIPP FRANZ VON SIEBOLD (1796 – 1866). Im BOTANISCHEN GARTEN (46) zeigt eine eigene Abteilung, welche Pflanzen er aus Fernost nach Europa mitgebracht hat. Ein Museum (47), das mit japanischer Unterstützung entstand, belegt seine weit gefächerten Interessen im Spiegel seiner Sammlungen.

Domherren- und Adelshöfe

Außer den kirchlichen und universitären Bauten prägten früher besonders die Domherrenhöfe sowie die Häuser des Adels und des wohlhabenden Bürgertums das Stadtbild Würzburgs. Erhalten sind der bis 1609 erbaute HOF CONTI (33) mit dem schmucken Renaissance-Erker (heute Bischöfliches Palais), der MARMELSTEINER HOF (34) von Neumann (vgl. S. 42) mit der Diözesangalerie »Marmelsteiner Kabinett«, das GUTTENBERGPALAIS (35) zwischen Schönbornkapelle und Bischofspalais.

Die Häuser Riemenschneiders und Neumanns (36)

TILMAN RIEMENSCHNEIDERS WOHNHAUS in der Franziskanergasse wurde historisierend wiedererrichtet. Gegenüber erinnert nur noch ein schönes Portal und die hoch über das Dach ragende Aussichtskanzel daran, daß hier einst B. NEUMANN zu Hause war.

Brunnen

Die BRUNNEN, die einst der Wasserversorgung dienten, sind heute in der warmen Jahreszeit Stätten der Erholung und Erfrischung. Hervorragende Kunstwerke sind der 1766 errichtete Vierröhrenbrunnen am Rathaus (vgl. S. 50), der Moenus- oder Chronos-Brunnen in der Hofstraße, der Ceres-Brunnen gegenüber der Neubaukirche sowie der Bäcker- und Fischerbrunnen (Semmelstraße bzw. Karmelitenstraße). Besondere Attraktivität für Kinder besitzt der moderne Brunnen am Sternplatz in der Domstraße.

Barocke Häuser in der Neubaustraße

Grünanlagen

Ein Kulturdenkmal besonderer Art ist der sich rund um die Innenstadt ziehende RINGPARK, das »GLACIS«. Er wurde in der zweiten Hälfte des 19. Jahrhunderts vom schwedischen Landschaftsgärtner JENS PERSON LINDAHL anstelle der alten Befestigungsanlagen angepflanzt. Sein schönster Teil, das »KLEIN-NIZZA«, erstreckt sich hinter den mächtigen Bastionen des Hofgartens.

Zur Landesgartenschau 1990 gestaltete man ein großes Gelände am Fuß des Festungsberges neu. Der Spaziergänger trifft hier auf einen duftenden ROSENGARTEN und – als Hinweis auf Würzburgs Partnerstädte Caen, Otsu und Dundee – auf ein NORMANNISCHES HAUS, einen gepflegten JAPANISCHEN und einen urwüchsigen SCHOTTISCHEN GARTEN.

Wer das Treppensteigen nicht scheut, dem sei die FRANKENWARTE, ein 1894 gebauter Aussichtsturm auf dem Nikolausberg empfohlen. Von ihrer Kanzel aus reicht bei klarem Wetter der Blick bis in den Spessart, die Rhön und den Steigerwald. Von hier aus kann man gut zu den Ausflugslokalen »Schützenhof« oder »Nikolaushof« wandern (ca. 20 Minuten). Von den Terrassen beider Lokale genießt man eine herrliche Aussicht auf die Stadt.

Balthasar Neumann entwarf das repräsentative Treppenhaus des Klosters Oberzell

Ein weiteres Würzburger Naherholungsgebiet erreicht man von der Frankenwarte aus über einen beschilderten Wanderweg. Durch die wildromantische ANNASCHLUCHT gelangt man ins STEINBACHTAL. Eine Brotzeit und erfrischende Getränke erhält man im »Postkutscherl« oder im »Volksgarten«, wo man sich im Schatten alter Bäume ausruhen kann.

Das 1128 gegründete Kloster Oberzell war im 19. Jahrhundert Sitz der bekannten Druckmaschinenfabrik Koenig & Bauer

Veitshöchheim

Lust- und Jagdschloß der Fürstbischöfe – Deutschlands berühmtester Rokokogarten – Namhafte Künstler schufen ein phantasievolles Ensemble aus Natur, Architektur und Bildhauerei

Das Lustschloß

Wer Würzburg besucht, sollte auf keinen Fall versäumen auch Veitshöchheim (48) zu beehren. Vom 16. Jahrhundert an war die Gegend um den kleinen Ort am Main ein bevorzugtes Ziel fürstbischöflicher Jagdausflüge.

An der Stelle eines alten Wasserschlößchens wurde 1680 ein »Sommerhaus« nach Plänen des italienischen Baumeisters ANTONIO PETRINI errichtet, das den Mittelteil des heutigen Veitshöchheimer Schlosses darstellt. Um mehr Raum für die Hofhaltung zu gewinnen, wurde BALTHASAR NEUMANN beauftragt, den Bau zu erweitern. Zwischen 1748 und 1753 fügte er rechts und links zwei große Pavillons an. Über ein lichtdurchflutetes Vestibül und eine figurengeschmückte Treppe gelangt man in die fürstlichen Gemächer des Obergeschosses. Die Repräsentationsräume sind ganz im Stil des Rokoko gestaltet, die Dekken mit den in phantastischen überschäumenden Formen des Stucks ANTONIO BOSSIS verziert.

Den besonderen Reiz Veitshöchheims bietet aber weniger das Schlößchen, als sein einmaliger ROKOKOGARTEN. Hier findet sich das gesamte Repertoire der Gartenbaukunst des 18. Jahrhunderts: Alleen mit Querverbindungen, Laubengänge, Seen, ein Irrgarten, ein chinesischer Pavillon, antikisierende Ruinen.

Phantastischer Höhepunkt ist das GROTTENHAUS, dessen Wände ebenso über und über mit Schneckenhäusern und Muscheln übersät sind wie die Tierfiguren, die sich darin befinden.

Die Gartenplastiken – es sollen einmal über 200 gewesen sein – stammen von den besten fränkischen Bildhauern der Zeit: von JOHANN WOLFGANG VAN DER AUVERA, FERDINAND TIETZ und JOHANN PETER WAGNER.

Links: Das Veitshöchheimer Schloß – einst Lieblingsaufenthalt der Würzburger Fürstbischöfe

Die unvergleichliche Eleganz des Rokoko – eine Figurengruppe von Ferdinand Tietz

Immer wieder trifft man im Park auf solche phantasievollen Pavillons

Die Anfänge des Gartens

Die Geschichte des Veitshöchheimer Hofgartens beginnt 1702, als Fürstbischof JOHANN PHILIPP VON GREIFFENCLAU aus dem einstigen Tiergarten eine klar gegliederte Anlage machte. Der erste Schritt war die Schaffung eines Parterres vor dem Schloß. Eine mit Vasen und Figuren verzierte Ballustrade setzt den Bereich um das Schloß deutlich vom restlichen Garten ab. Weitere Umgestaltungen fanden unter Greiffenclaus Nachfolgern statt: Bassins wurden ausgehoben, die Ausstattung mit Plastiken nahm mehr und mehr Gestalt an.

Carl Philipp von Greiffenclau schließlich wußte das Schöne mit dem Nützlichen zu verbinden – er ließ 1752 200 Obstbäume pflanzen.

Der Rokokogarten

Sein heutiges Aussehen verdankt der Veitshöchheimer Hofgarten dem Fürstbischof ADAM FRIEDRICH VON SEINSHEIM. 1756 begann man mit einer Aufteilung der Anlage in mehrere Zonen, bereits zwei Jahre später waren die Arbeiten abgeschlossen.

Herzstück des Parks ist der große, vierpaßförmige See, in dessen Mitte auf einer Insel das »ovidische Bronnenwerk« – Apollo, das Dichterroß Pegasus und die Musen – aufragt. Um den Teich herum gruppierten sich Gestalten der antiken Mythologie und Allegorien der Künste und der Jahreszeiten. Der »Zirkus«, ein runder Platz, wird von die Erdteile symbolisierenden Statuen sowie einem Tänzer- bzw. Schäferpaar umstanden.

Die dritte Partie des Gartens, die Waldzone, beherbergt ein Heckentheater und weitere Figurengruppen.

Aus Urkunden ist überliefert, daß sie einst weiß bemalt waren, um wie große Porzellanfiguren zu erscheinen. Pegasus, das geflügelte Roß der Musen inmitten des großen Bassins, war früher ganz vergoldet.

Welch erhabene Stimmung hier geherrscht haben mag, wenn der Hofstaat in festlichen Roben umherwandelte, feierliche Musik erklang, Feuerwerke und bengalische Beleuchtungen gezündet wurden, das vermag man sich heute kaum noch vorzustellen.

Das weitere Schicksal des Parks

Mit der Säkularisation hatten die rauschenden Feste ein Ende. Der Garten verwilderte, die Statuen verwitterten, der Park wurde teilweise als Gemüseanbaugebiet mißbraucht. Erst die Bayerischen Könige und besonders der in Würzburg geborene Prinzregent LUITPOLD weckten den Park aus seinem Dornröschenschlaf, ließen Schloß und Garten restaurieren und gaben ihnen wieder ihre alte Eleganz zurück. Sogar der benachbarte Bahnhof wurde eigens für den königlichen Besuch besonders herausgeputzt.

Künstliche Ruinen begriff man früher als Zeichen der Vergänglichkeit

Ausflüge mainaufwärts

Klassische Weinorte im Süden Würzburgs – Das Maindreieck, Endstation für die Römer – Malerisches Fachwerk – Versteckte und berühmte Kunstwerke

Randersacker

Erste Station einer jeden Reise zum südlichen Maindreieck ist das durch seine Weine berühmte Randersacker ㊾. Man passiert den »Teufelskeller« (der Name erinnert an die Gründer des Würzburger Bürgerspitals) und kann sich dann im Schatten des romanischen Kirchturms in einer der vielen Gaststuben (am urwüchsigsten ist der »Spielberg«) mit »Ewig Leben« von der Qualität Randersackerer Gewächse überzeugen. Andere Lagen heißen Marsberg, Sonnenstuhl und Dabug. BALTHASAR NEUMANN, dessen kleiner Pavillon vor dem Rathaus steht, besaß in diesem Ort sogar eigene Weinberge.

Eibelstadt

Durch die mittlerweile im Mainfränkischen Museum, aber auch im British Museum in London aufbewahrten »Lügensteine« geriet Eibelstadt ㊿ im 18. Jahrhundert in die Schlagzeilen. »Liebe« Kollegen hatten mit gefälschten Versteinerungen einen Würzburger Professor genarrt, der seine Funde ernst nahm und sie sogar aufwendig publizierte.

Das liegt lange zurück. Eibelstadt hat sich, was den Wein betrifft, fast zu einem Vorort von Würzburg entwickelt. Alljährlich gleich zwei Weinfeste auf dem geräumigen Marktplatz locken die Städter in Scharen an.

Bei den Weinfesten in Eibelstadt ist es für größere Gruppen nicht leicht, einen Platz zu finden. Im Hintergrund die Pfarrkirche, rechts das Rathaus

Kaum zu glauben, aber wahr: In diesem Sommerhäuser Turm spielt das kleinste Theater Deutschlands, das »Torturmtheater«

1443 erhielt der Ort von KAISER SIGISMUND das Stadtrecht verliehen, Grund genug, eine wehrhafte Mauer rund um Eibelstadt zu errichten. Neben ihr ziehen das barocke Rathaus mit der Mariensäule und die Kirche die Blicke auf sich.

Sommerhausen

Keine Gemeinde genießt als Ort der Kunst und der Künstler in Franken einen besseren Ruf als Sommerhausen (51). Hier gibt es eine geglückte Synthese von Weinbau und Kultur – VEIT RELINS »Torturmtheater« (die kleinste Bühne der Welt), das „Bockshorn" als weitere Kleinkunstbühne, eine ganze Reihe von Galerien und Antiquitätengeschäften. Selbst der evangelische Pfarrer betätigt sich gelegentlich als Galerist, seine Frau gibt Konzerte. Natürlich findet man hier die obligatorischen Sehenswürdigkeiten: Fachwerkhäuser, Rathaus, Schloß und einen Brunnen mit dem Ritter Jörg.

Die »Alte Wag« in Sommerhausen – eines der schönsten Fachwerkhäuser des Ortes

KAUZEN BIER

RESTAURANT
Hotel

Die mittelalterliche Stadtbefestigung von Ochsenfurt mit all ihren Türmen hat fast vollständig die Zeiten überdauert

Ochsenfurt

Weiter geht die Fahrt, vorbei an nicht enden wollenden Weinbergen. Nächste größere Stadt ist das einst dem Würzburger Domkapitel gehörende Ochsenfurt (52). Der Anordnung, die Stadtbefestigung niederzulegen, hat man im 19. Jahrhundert keine Folge geleistet – worüber sich die Touristen heute freuen dürfen.

Typisch fränkische Fachwerkhäuser säumen die Brücken- und die Hauptstraße. Am Alten Rathaus gibt es noch einen Hochpranger, am »Neuen« (aus dem 15. Jahrhundert) ein hübsches Glockenspiel. Der Ratssaal lohnt einen Besuch. Hohe Gäste wurden hier früher mit einem Trunk aus dem silbernen „Kauzen", einem figürlichen Trinkgefäß, willkommen geheißen.

S. 92/93: Eine lange Zeile von idyllischen Fachwerkhäusern führt den Blick auf das Rathaus von Ochsenfurt

Sehr qualitätvoll sind die Plastiken einer Madonna mit Kind am Neuen Rathaus und ein hl. Michael an einem benachbarten Barockgebäude.

Die monumentale Pfarrkirche St. Andreas beherbergt zahlreiche gute Kunstwerke, die Michaelskapelle daneben zeigt ein Tympanon mit dem »Jüngsten Gericht« (um 1450). Die prächtigen Trachten des Ochsenfurter Gaues werden im Heimatmuseum präsentiert, das auf das »Schlößle« (an der alten Mainbrücke) und ein weiteres historisches Gebäude in der Spitalgasse verteilt ist.

Wenige Schritte entfernt führt das Tympanon der Spitalkirche Szenen aus dem Leben der hl. Elisabeth vor Augen.

Zwei weitere bedeutende Sehenswürdigkeiten befinden sich in unmittelbarer Nähe Ochsenfurts: Die spätgotische WOLFGANGSKAPELLE an der Straße Richtung Uffenheim/Ansbach sowie die malerisch gelegene einstige KAR-

THAUSE TÜCKELHAUSEN. Sie entstand 1351 aus einem bereits 1138 gegründeten Prämonstratenserkloster. Neben der reich ausgestatteten, intim wirkenden Kirche mit Altären des Würzburger Hofbildhauers WOLFGANG VAN DER AUVERA gibt es ein interessantes Museum, das die Geschichte der Karthäuser nachzeichnet.

Marktbreit, Segnitz, Frickenhausen und Sulzfeld

Am südlichen Maindreieck reiht sich ein malerischer Ort an den anderen. Wie ein unlängst oberhalb Marktbreits (53) entdecktes RÖMERLAGER belegt, war diese klimatisch besonders begünstigte Region bereits in früher Zeit besiedelt. Die Römer zogen allerdings rasch wieder ab ...

Kaum eine Ecke im Fränkischen wurde so oft abgebildet wie der sogenannte »Malerwinkel« in Marktbreit. Neben dem zum Main hinunterführenden Tor stehen schmale Fachwerkhäuschen, im Hintergrund erhebt sich das aus der Renaissance stammende Rathaus. Dieses, vom Segnitzer Baumeister KEESEBECK errichtete Gebäude verfügt noch über eine reiche Einrichtung jener Epoche; in der stimmungs-

Der »Malerwinkel« in Marktbreit gehört zu den am häufigsten gewählten Motiven fränkischer und auswärtiger Künstler

Das Patrizierhaus »zur Groe« kündet vom einstigen Reichtum Marktbreits. Im Hintergrund links das Rathaus

vollen Diele werden immer wieder Konzerte abgehalten.

Wenige Schritte vom Rathaus entfernt stößt man auf das angeblich zweitälteste Gasthaus in Bayern, auf den »Goldenen Löwen« (Fachwerkhaus von ca. 1450). Die beiden prächtigen, wie Zwillinge wirkenden Barockhäuser gegenüber, mit schönen, kuppelbesetzten Erkern, erinnern an die Blütezeit der Stadt, als man mit Weinhandel und als einer der größten deutschen Umschlagplätze für Kaffee gutes Geld verdiente. Aus jener Zeit stammt auch der »kleine Bruder« des Würzburger »Alten Kranens« im Hafen, ein technisches Kulturdenkmal aus dem Jahr 1773.

Die evangelische Pfarrkirche im Ortskern verfügt noch über die Herrenloge der Fürsten von Schwarzenberg, ein Hinweis auf das unauffällige, 1580 errichtete Schloß in unmittelbarer Nähe.

Eine moderne Brücke führt von Marktbreit hinüber in die Gartenbaugemeinde Segnitz (54). Im Obergeschoß des kleinen Rathauses hat sich eine sehenswerte getäfelte Ratsstube erhalten. Am Weg nach Sulzfeld liegt rechts hinter einer Mauer der Friedhof mit volkskundlich sehr interessanten, leider langsam verfallenden Grabdenkmälern.

Nach links führt die Landstraße zurück nach Frickenhausen (55), einem schmucken, von zwei großen Toranlagen flankierten Weinort mit weithin bekannter Gastronomie. In der Kirche gibt es einen imposanten Altar von 1617, daneben ein rustikales Rathaus (vor 1476), in den Weinstuben »Kapellenberg« – 1699 wurde die Valentinskapelle in die Weinberge gestellt – oder den

Frickenhäuser »Fischer« (die Hausmarke vieler Deutscher gleichen Namens).

Das turmbewehrte Sulzfeld (56) hat ebenfalls zahllose Maler nahezu magnetisch angezogen. Seit 1953, der Zeit des beginnenden Wirtschaftswunders, kann man hier Bratwürste gleich meterweise essen. Wer solche Sensationen weniger schätzt, dem seien das Rathaus, die Mariensäule von 1724 und die hoch über dem Ort liegende Kirche zur Besichtigung empfohlen.

Stadtbefestigung Sulzfeld

Kitzingen

Die Geschichte der Stadt Kitzingen (57) beginnt vor dem Jahr 750, als der hl. Bonifatius hier ein Benediktinerinnenkloster gründete. Es hatte bis 1544 Bestand und befand sich auf dem Gelän-

Die Kirche St. Sebastian ragt mit ihrem charakteristischen Turm aus den Häusern Sulzfelds weit sichtbar heraus

de, auf dem nun die monumentale, seit 1817 evangelische Pfarrkirche steht; ihr Architekt war ANTONIO PETRINI, Neumanns großes Vorbild (1686 – 1693). Eindrucksvoll ist ihre mächtige Fassade.

Nicht weniger sehenswert ist die katholische Stadtpfarrkirche, ein weiter Bau der späten Gotik mit außerordentlich wertvoller Bauplastik (Tympanon über dem Portal).

In der Nähe der Mainbrücke öffnet sich ein kleiner Marktplatz, an dem sich das 1560/63 gebaute Renaissance-Rathaus, ein behäbiges Gebäude erhebt. Der massive, von pittoresken Häuschen gesäumte Marktturm entstammt dem 14. Jahrhundert, 1546 wurde er aufgestockt.

Wahrzeichen der Stadt Kitzingen aber ist der Falterturm mit seiner schiefen Haube. Spötter meinen, das sei auf übertriebenen Weingenuß zurückzuführen; eine andere Überlieferung will wissen, daß man wegen Wassermangels den Mörtel mit Wein angemischt habe ...

Heute beherbergt der Falterturm eine einzigartige Spezialsammlung – das »Deutsche Fasnachtsmuseum«, in dem Zeugnisse karnevalistischen Brauchtums präsentiert werden.

Der linksmainische Brückenkopf Kitzingens, der Vorort ETWASHAUSEN, birgt einen der eigenwilligsten Sakralbauten BALTHASAR NEUMANNS, die Heiligkreuzkirche. 1740 hatte Fürstbischof FRIEDRICH CARL VON SCHÖNBORN den Neubau angeordnet; am 17. Oktober 1745

Der Kitzinger Falterturm beherbergt ein einzigartiges Fasnachtsmuseum

Gotische Gewändefiguren an der Kitzinger Stadtpfarrkirche

wurde die bewußt schlicht gehaltene Kirche von ihm persönlich eingeweiht.

Während das Äußere durch seine harmonische Eleganz besticht, treffen wir im Inneren auf eine für Neumann bezeichnende Architektur, in der einzelne Raumsegmente ineinander verschmolzen und durch die Komposition der Gewölbe bzw. der Kuppel dynamisiert werden. Aufschlußreich ist der Vergleich zur früher entworfenen Hofkirche der Würzburger Residenz (S. 24), zur »Rotunde« in Holzkirchen und zum gleichzeitig geplanten Würzburger Käppele (S. 58).

Fröhstockheim

Die einstige Wasserburg Fröhstockheim (58), in der Nähe von Kitzingen, verfügt noch über Grundmauern aus dem 12. Jahrhundert. Das heutige Schloß entstand nach den Verwüstungen des Bauernkrieges im Stil der Renaissance. Im Barock erhielt die massive vierflügelige Anlage mit ihren vier malerischen Türmen Mansarddächer und Schieferhauben.

Ein hochrangiges Kunstwerk findet sich in der Dorfkirche: Das Epitaph des Ritters Ernst von Crailsheim, geschaffen vom bekannten Aschaffenburger Meister JOHANNES JUNCKER (nach 1596).

Masken und farbenfreudige Kostüme im Kitzinger Fasnachtsmuseum

Dettelbach

Seinen Wohlstand verdankt das idyllische Städtchen Dettelbach (59) zwei Faktoren – dem Weinbau und der florierenden Wallfahrt zur »Maria im Sand«.

Neben dem schönen Rathaus mit der großen Freitreppe (1484), der hoch aufragenden Stadtpfarrkirche, zu der man am alten Pranger vorbeigelangt, beachtlichen Resten der Ortsbefestigung und zahlreichen sehenswerten Häusern, ist die Wallfahrtskirche gleichermaßen Hauptanziehungspunkt für Gläubige und Touristen.

Die Legende erzählt, ein bei einer Messerstecherei verwundeter Winzer sei hier auf wundersame Weise geheilt worden. 1505 wurde eine erste kleine Kapelle gebaut, zur Einweihung der heutigen Kirche im Jahr 1613 strömten 4000 Pilger herbei.

»Maria im Sand« zeigt in Architektur und Ausstattung Stilelemente von der späten Gotik bis hin zum Rokoko. Besondere Würdigung verdienen das monumentale Portal von MICHAEL KERN, die feinen Gewölbe, Kanzel und Gnadenaltar sowie ein Kruzifix am Hochaltar aus der Schule TILMAN RIEMENSCHNEIDERS.

Eine Spezialität Dettelbachs sind die »Muskazinen«, ein speziell für die Wallfahrer gefertigtes Gebäck, zu dem ein Glas Wein aus der Lage »Honigberg« gut mundet.

Sommerach

Im Mai und Juni lockt der fränkische Spargel Gourmets aus nah und fern in die Anbaugebiete rund um Dettelbach und Volkach. Unter Kennern galt Sommerach (60) mit seinem »Dreimäderlhaus« (»Zum Schwan«) als

Der Gnadenaltar beherrscht den Raum der Dettelbacher Wallfahrtskirche »Maria im Sand«

Ein Kreuzschlepper in den Weinbergen kündet von der Frömmigkeit der Winzer

Geheimtip. Bei einigen Gläsern »Sommeracher Katzenkopf« läßt sich der Vandalismus, der im 19. Jahrhundert zum Abriß von Neumanns herrlicher Abteikirche im benachbarten MÜNSTERSCHWARZACH führte, leichter verschmerzen.

Escherndorf, Nordheim und Neuses am Berg

Ohne große Kunstdenkmäler kommen die Weinorte an der Volkacher Mainschleife aus. Der »Lump« aus Escherndorf (61) beansprucht ebenso hohe Popularität wie das »Vögelein« aus Nordheim (62) oder die »Glatze« aus dem Richtung Dettelbach, hinter KÖHLER gelegenem Neuses (63) am Berg (dort treffen sich alljährlich Kahlköpfe, um »ihrem« Wein zu frönen). Schon Goethe schätzte den Wein aus Escherndorf. 1831 hat er noch den edlen 1794er nachbestellt!

Mainsondheim

Gegenüber von Dettelbach steht am Rande des gleichnamigen Dorfes das malerische Schloß Mainsondheim (64), eine Anlage aus der Zeit der Spätgotik.

Als erster Besitzer ist die Adelsfamilie FUCHS VON BIMBACH überliefert, die an diesem Ort seit etwa 1320 ansässig war. Später ging das Schloß an die CRAILSHEIM, dann an die Familie BECHTOLSHEIM über.

Die »Graue Marter« bei Sommerach – einer der wertvollsten Bildstöcke Frankens – entstand 1511

Die Mainschleife

Seit alters her besiedelt: Der Vogelsberg – Die Karthause Astheim – Von echten und unechten Ratsherren – Riemenschneiders Meisterwerk inmitten der Reben

Volkach ⑥⑤

Von wohl kaum einem anderen Ort bietet sich ein vergleichbar grandioser Blick aufs Frankenland wie vom VOGELSBERG. Links liegen Astheim und Volkach mit der Wallfahrtskirche im Weinberg, rechts Escherndorf und Köhler, am anderen Mainufer Nordheim und die romantische Hallburg.

Der Berg war bereits in der Altsteinzeit besiedelt. 897 ist er im Besitz der Karolinger, später gehörte er dem Kloster Fulda. 1282 wurde die Burg in ein Karmeliterkloster umgewandelt, das im Bauernkrieg zerstört wurde. Ein altes Gnadenbild gelangte 1797 ins Würzburger Käppele. Seit 1957 unterhalten hier Augustinus-Schwestern eine Tagungsstätte; außerdem betreiben sie auf etwa 2 ha ökologischen Weinbau.

Eine schmale Brücke zu Füßen der Vogelsburg verbindet Astheim und Volkach. ASTHEIM beherbergt ein traditionsreiches Karthäuserkloster, das sich aus mehreren Baukomplexen zusammensetzt. Die Johannes-Kapelle stammt von 1584, die Klosterkirche wurde um 1600 im Stil der »Echter-Gotik« errichtet. Ihr Inneres birgt einen Lettner sowie ein herrliches Chorgestühl. In

S. 102/103: Die Mainschleife bei Astheim
Unten: Der Sitz des bekannten »Volkacher Ratsherren«, das historische Rathaus am Marktplatz

Inmitten der Weinberge, nicht weit von Volkach, steht die Wallfahrtskapelle mit Riemenschneiders Madonnenfigur

Zukunft soll die Karthause als Museum für sakrale Kunstwerke genutzt werden.

Das den Marktplatz beherrschende Rathaus (1544) kündet eindringlich vom Stolz der Volkacher Bürger. Von ihrem Selbstbewußtsein zeugt auch die Weinlage, die man »Volkacher Ratsherr« genannt hat (ein leibhaftiger Ratsherr im Renaissance-Gewand steht für Weinproben zur Verfügung).

Wandert man in dem vom Gaibacher und dem Sommeracher Tor begrenzten Städtchen umher, so stößt man auf eine Reihe lobenswerter Gasthäuser, auf das ehemalige Würzburger Amtshaus von 1505 (in der Hauptstraße) und schräg gegenüber, in einer Seitengasse, auf das um 1720 gebaute »Schelf-Haus«. Dieses von einem echten Volkacher Ratsherr in Auftrag gegebene Gebäude kann durchaus mit gleichzeitigen Bürgerhäusern in Würzburg konkurrieren. In den prachtvoll ausgestalteten Räumen finden immer wieder stimmungsvolle Weinproben bei Kerzenschein statt.

Die gotische Stadtpfarrkirche mit ihrem hoch in den Himmel ragenden Turm wurde ab der Mitte des 18. Jahrhunderts im Stil des Rokoko umgestaltet. Ein weiteres Zeugnis des katholischen Glaubens ist die Madonnenstatue am Brunnen vor dem Rathaus. Sie stimmt den Besucher auf die größte Sehenswürdigkeit Volkachs, auf »St. Maria in vineis«, »Maria im Weingarten« ein.

Riemenschneiders Madonna im Weinberg

Wer in der älteren Riemenschneider-Literatur blättert, hält nach der Volkacher Madonna vergeblich Ausschau. Lange hat man sie nicht als Werk des berühmten Meisters erkannt, denn sie war mit einer dicken, entstellenden Farbschicht überschmiert. Wiederentdeckt wurde sie erst 1953, als man die Übermalungen sachgerecht entfernte.

In die Schlagzeilen geriet die Heiligenfigur 1962. Einbrecher hatten sie entwendet und gaben sie – da ein Verkauf unmöglich war – gegen ein von Henri Nannen (vom Magazin »Stern«) aufgebrachtes Lösegeld wieder zurück.

Soviel Publicity hatte Riemenschneiders Arbeit gar nicht nötig, denn sie zählt zweifellos zum Besten und Eindringlichsten, was er je geleistet hat. Das lebensgroße Marienbild entstammt der reifen Zeit des Meisters. Es entstand 1521/22, also nach Riemenschneiders Amtsperiode als Würzburger Bürgermeister und kurz vor Ausbruch des Bauernkrieges von 1525.

Die Maria im Rosenkranz spiegelt nicht nur die außerordentliche künstlerische Kraft Riemenschneiders, sondern gleichermaßen die Volksfrömmigkeit jener Epoche wider. Sie zeigt nämlich auch, wie rasch die Gedanken der 1474 in Köln begründeten Rosenkranzbruderschaft auch in Süddeutschland auf fruchtbaren Boden fielen. Von einem mandorlaförmigen Strahlenkranz hinterfangen steht die Madonna mit dem Christusknaben auf einer Wolke, in der sich ein Halbmond befindet. Musizierende Engel leiten zum ovalen Rosenkranz über. Fünf Medaillons haben Szenen aus dem Leben der Gottesmutter zum Thema: Man sieht auf den Reliefs die »Verkündigung« (oben), dann (im Uhrzeigersinn) die »Heimsuchung«, »Christi Geburt«, »die Hl. Drei Könige« und schließlich den »Tod Mariens«.

Ähnlich beseelte Mariendarstellungen, in denen Frömmigkeit und innige Mutterliebe auf treffliche Weise zum Ausdruck gelangen, hat Riemenschneider nur noch mit seinen beiden Sandsteinstatuen geschaffen, die mittlerweile im Würzburger Neumünster und im Frankfurter Liebighaus-Museum Aufstellung gefunden haben.

Rechts: Elegant schwebt Riemenschneiders Meisterwerk im Chorraum der Kapelle

Szenen aus dem Marienleben: die »Heimsuchung« (rechts) und die »Anbetung der Hl. Drei Könige«

Am Rande des Steigerwaldes

Kleine Städte mit reicher Geschichte – Der Sitz einer berühmten Familie – Ein Fürst als Bankier und Winzer – Fränkisches Bauern- und Handwerkermuseum

Prichsenstadt

Zu den beliebtesten Ausflugszielen in Mainfranken gehört ohne Zweifel das kleine Prichsenstadt (66) zwischen Gerolzhofen und Wiesentheid. Der schon 1258 erwähnte »Briesenhof« erlebte im 14. Jahrhundert einen ungeahnten Aufschwung. 1366 erwarb KAISER KARL IV. den Ort, 1367 erhielt man durch KÖNIG WENZEL von Böhmen das Stadtrecht. Der ehemalige Kaiserliche Freihof (1592) fällt durch seinen Treppengiebel ins Auge, die schmukken Bürgerhäuser entstanden zwischen Renaissance und Barock, das Rathaus im 17. Jahrhundert.

Noch heute umzieht eine relativ geschlossene Ummauerung den Ort. Etwas außerhalb befindet sich der Friedhof, der – wie in zahlreichen anderen protestantischen Gemeinden Frankens – über eine Arkade sowie eine Freikanzel verfügt.

Wiesentheid

Die Herrschaft Wiesentheid (67) kam 1701 durch Heirat in den Besitz der kunstsinnigen Familie derer VON SCHÖNBORN. GRAF RUDOLF FRANZ ERWEIN, Neffe des Mainzer Kurfürsten, Bruder des Trierer Kurfürsten und der Bamberger und Würzburger Fürstbischöfe, ließ das alte Schloß ab-

Ein trutziges Stadttor schützte früher das Städtchen Prichsenstadt

Römischer Barock in Wiesentheid. Keine Realität, sondern alles nur gemalte Illusion! Die gewaltige Kuppel ist ein Werk des Italieners Marchini

reißen und 1708 zu einer repräsentativen Anlage ausbauen (Privatbesitz).

Die Kreuzkapelle am Ortsrand wurde 1686 gestiftet und nach Plänen des Würzburger Architekten ANTONIO PETRINI erbaut. Ab 1712 ließ Schönborn den Sakralbau um vier Flügel erweitern und vom Italiener GIOVANNI MARCHINI mit der illusionistischen Darstellung eines einstür-

Das »Rödelseer Tor« in Iphofen, einer der romantischsten Bauten Frankens

zenden Gewölbes ausmalen. Der gleiche Meister kam bei der BALTHASAR NEUMANN zugeschriebenen Pfarrkirche, die dem Schloß gegenüberliegt, erneut zum Einsatz. Er »zauberte« auf das flache Deckengewölbe das Bild eines prachtvollen, von einer riesigen Kuppel überragten Kirchenraumes – ein in Franken einmaliges Werk!

Hüttenheim

Mit Hütten hat dieser Ort nichts zu tun – sein Name geht vielmehr auf einen Hiddo zurück, der das Dorf im 6. Jahrhundert gegründet hat. Im hohen Mittelalter war Hüttenheim (68) ein wichtiger Sitz des Deutschen Ordens, woran aber nur noch der Flurname »Burgstall« erinnert. Sehenswert sind die Kirchenburg, an deren Eingang die Jahreszahl 1596 steht, das benachbarte Fachwerk-Rathaus, der Ebracher Schultheißenhof und das Schwarzenberger Amtshaus. In der neugotischen Kirche St. Johannes wird eine um 1470 geschnitzte Madonnenfigur aufbewahrt.

Iphofen und Rödelsee

Das zu Füßen des Schwanberges gelegene Iphofen (69) taucht schon 741 erstmals in einer Urkunde auf. 1293 erhielt es das Stadtrecht, was die Bürgerschaft sogleich zum Bau einer wehrhaften Befestigung veranlaßte. Ursprünglich besaß man 13 hohe Türme, von denen zwei – der Eulen- und der Bürgerturm – die Zeiten überdauert haben. Das Wahrzeichen des Städtchens ist das im Kern aus dem 15. Jahrhundert stammende, mit späteren Fachwerkbauten erweiterte »Rödelseer Tor«

Die Pfarrkirche St. Veit wurde 1414 begonnen, wegen des Bauernkrieges jedoch erst 1616 fertiggestellt. In ihre Frühzeit datieren die wertvollen Glasfenster im Chor, die zu den raren Beispielen mainfränkischer Glasmalerei der Spätgotik zählen.

Den weiträumigen Marktplatz beherrscht das von JOSEF GREISING 1716/18 erstellte Rathaus, ein elegantes Gebäude mit einer doppelläufigen Freitreppe und einem prunkvollen Portal. Im Obergeschoß befindet sich eine kleine kulturgeschichtliche Sammlung (s. S. 132).

Dem Rathaus gegenüber liegt die einstige fürstbischöfliche Amtskellerei. Hier hat man eines der interessantesten Museen der

Das barocke Rathaus von Iphofen. Im Hintergrund die Stadtpfarrkirche St. Veit

Ein Ring mittelalterlicher Mauern und Türme umfaßt Mainbernheim

Region untergebracht, das »Knauf-Museum«, in dem hervorragende Kopien von Kunstwerken aus Mesopotamien, Ägypten, dem antiken Griechenland bis hin zu den präkolumbianischen Hochkulturen Mittel- und Südamerikas präsentiert werden.

Verläßt man Iphofen in nördlicher Richtung durch das »Rödelseer Tor«, gelangt man rasch in den gleichnamigen Weinort (70). Alljährlich im Juni findet im Schloßhof ein gemütliches Weinfest statt. Von hier ist es nicht weit zum 473 m hohen SCHWANBERG. Das erstmals 1230 genannte Schloß ist heute Zentrum einer evangelischen Begegnungsstätte. Schirmherr der Gemeinde ist der unweit residierende FÜRST VON CASTELL (sein Schloß ist, wie jenes im benachbarten RÜDENHAUSEN, Privatbesitz).

Der Fürst betreibt ein florierendes Bankhaus und bewirtschaftet mit seinem Domänenamt etwa 40 ha Weinanbauflächen, die den typischen, auf Gipskeuperboden wachsenden Steigerwaldwein gedeihen lassen.

Von CASTELL aus lohnt sich ein Abstecher nach WIESENBRONN. Die protestantische HL. KREUZ-KIRCHE bietet alte Fresken, das barocke Rathaus einen behäbigen Eindruck, die Gasthäuser schließlich den »Wiesenbronner Wachhügel«, einen hervorragenden fränkischen Rotwein.

Mainbernheim

Die Stadtbefestigung Mainbernheims (71) steht der Iphofens in nichts nach. Zwei große Tore flankieren die Hauptstraße, an der eine Reihe sehenswerter Bürgerhäuser steht. Das Renaissance-Rathaus wurde 1548 erbaut. Sehenswert der Gottesacker vor dem »Unteren Tor«, der unter Arkaden uralte Epitaphien bewahrt und in dessen Mitte eine der seltenen Friedhofskanzeln (um 1618) aufragt.

Kirchenburg Mönchsondheim ⑫

Rund um die Pfarrkirche St. Bonifatius (1688/90) hat sich eine der schönsten Kirchenburgen Frankens erhalten. Die Fachwerkbauten und einige Räume des alten Rathauses dienen mittlerweile dem »Fränkischen Bauern- und Handwerkermuseum«. Hier kann man sich ein Bild von der ländlichen Wohnkultur machen und sehen, mit welchen Geräten früher gearbeitet wurde. Unter anderem gibt es eine komplett eingerichtete Zimmermannswerkstatt mit Äxten, Beilen, Sägen und Hobeln. Und natürlich kommt auch der fränkische Weinbau in diesem beliebten Museum nicht zu kurz.

Folgende Seiten: In den Gaden der Kirchenburg wurde ein interessantes Museum eingerichtet, das das Leben der Handwerker und Bauern dokumentiert

Eine besondere Attraktion stellt das alljährlich am ersten Juli-Wochenende stattfindende Kirchenburgfest dar. In den Gaden und den Vorratskellern des Museums werden die historischen Werkstätten mit neuem Leben erfüllt. Handwerker arbeiten dann mit den traditionellen Gerätschaften und erklären genau deren Funktion. Es bedarf wohl keines besonderen Hinweises, daß bei diesem Fest auch bestens für das leibliche Wohl der Besucher gesorgt wird.

Fränkisches Fachwerk in Reinkultur: Der Eingang zur Kirchenburg Mönchsondheim

Das Schloß in Rimpar – eindrucksvolles Zeichen der Macht des Würzburger Fürstbischofs Julius Echter von Mespelbrunn

Ausflüge den Main abwärts und ins Hinterland

Frühe und reife Werke Riemenschneiders – Noch eine fürstbischöfliche Sommerresidenz: Neumanns Schloß Werneck – Burgen, Weinbau und Volksfrömmigkeit

Rimpar

Die Landschaft nördlich von Würzburg wird durch ausgedehnte Wälder und durch die Landwirtschaft geprägt. Einige der dort liegenden Ortschaften verfügen über außerordentliche Kunstwerke, die einen Abstecher aus dem lieblichen Maintal allemal rechtfertigen. Hauptanziehungspunkte sind die barokke Wallfahrtskirche Fährbrück, BALTHASAR NEUMANNS Schloß Werneck und die Arbeiten RIEMENSCHNEIDERS in Rimpar und Maidbronn (der herrliche Gnadenaltar des Meisters aus dem nahen Gramschatz wanderte 1863 ins Museum nach Hannover).

In Rimpar (73), das von einem riesigen Schloß aus der Zeit JULIUS ECHTERS überragt wird, stößt der Kunstfreund in der auf einer Anhöhe gegenüberliegenden Pfarrkirche auf ein Frühwerk Tilman Riemenschneiders. Es handelt sich um die Grabplatte des 1487 verstorbenen Ritters EBERHARD VON GRUMBACH. Noch ist der Bildhauer ganz der Tradition verpflichtet, die etwas steif wirkende Figur läßt noch nichts von der Eleganz des Ritters von Schaumberg in der Würzburger

Marienkapelle oder der beiden Reliefs im Dom erahnen.

Maidbronn

Einem der reifsten und eindrucksvollsten Werke Riemenschneiders, der »Beweinung«, begegnen wir nur wenige Kilometer weiter, in der einstigen Klosterkirche von Maidbronn (74).

Das Kloster der Zisterzienserinnen wurde 1232 vom Würzburger Bischof HERMANN VON LOBDEBURG begründet, der ihm den Namen »Fons virginis sanctae Mariae« – »Brunnen der Heiligen Jungfrau Maria« gab, der noch heute im Ortsnamen anklingt.

Wenige Jahre vor Ausbruch des Bauernkrieges, wohl kurz nach 1520, lieferte Riemenschneider für den Hauptaltar ein steinernes Retabel, das die Trauer um den am Kreuz gestorbenen Christus zum Inhalt hat. Man hat den Leichnam herabgenommen, leblos präsentiert er sich am unteren Bildrand dem Betrachter. Um ihn herum hat sich eine Trauergemeinde versammelt, deren Haltung und Ge-

Tilman Riemenschneiders »Maidbronner Beweinung« entstand kurz nach 1520. In der Mitte ein Selbstbildnis des Meisters

Die gewaltige Wallfahrtskirche Fährbrück dominiert über die gesamte umgebende Landschaft

sichtsausdruck größte Ergriffenheit zeigen.

In der Forschung herrscht übrigens die einhellige Meinung, daß sich der Künstler in diesem Werk selbst verewigt hat. Man erkennt seine Züge im Zentrum der Komposition, als unter dem Kreuz stehender Nikodemus, der ein Salbgefäß in seinen Händen hält.

Fährbrück

Auf halber Strecke zwischen Würzburg und Schweinfurt liegt, nur wenig abseits der Bundesstraße, inmitten der Felder ein wahrhaft monumentaler Bau, die Wallfahrtskirche »Zu unserer lieben Frau« in Fährbrück (75).

Die heutige Kirche, die ältere Bauten ersetzt, wurde zwischen 1683 und 1697 errichtet. Bauherr war der Würzburger Fürstbischof JOHANN GOTTFRIED VON GUTTENBERG, der auch als Förderer der Wallfahrten von Maria Buchen, Dettelbach und zum Käppele in die Geschichte einging.

Über den Architekten geben die Akten keine Auskunft. Es besteht jedoch kaum Zweifel daran, daß dieser eindrucksvolle, von einem 58 m hohen Turm überragte Sakralbau eine Schöpfung des berühmten ANTONIO PETRINI ist, der in Würzburg Stift Haug, die Reurerkirche und den Fürstenbau des Juliusspitals schuf. Ganz eng verwandt ist die frühbarocke Architektur Fährbrücks mit Petrinis ab 1686 entstandener Klosterkirche (jetzt evang. Kirche) in Kitzingen.

Das Innere zieren drei prächtige Altäre mit Gemälden des Hofmalers OSWALD ONGHERS.

Werneck

Um eine »bequäme und angenehme Gelegenheit« zu haben, sich in den »beschwerlichen Regierungsgeschäften zuweilen eine vergnügliche Erleichterung zu verschaffen und das Gemüth bei frischer Luft und zur Gesundheit dienlicher Bewegung ergötzen zu können« beauftragte der Würzburger Fürstbischof und vormalige Reichsvizekanzler in Wien, FRIEDRICH CARL VON SCHÖNBORN, 1731 BALTHASAR NEUMANN mit dem Bau einer Sommerresidenz in Werneck (76). Sie sollte dem Potentaten als Ersatz für sein nach der Wahl in unerreichbare Ferne gerücktes Schloß Göllersdorf in Niederösterreich dienen.

Der Ort vor den Toren Schweinfurts blickt auf eine reiche Geschichte zurück: Im 11. Jahrhundert erstmals urkundlich erwähnt, war er später mit seiner Wasserburg Sitz des Deutschen Ordens. Das alte, von Fürstbischof RUDOLF VON SCHERENBERG erworbene und unter JULIUS ECHTER renovierte Schloß brannte 1723 ab, so daß Neumann (unter Beteiligung des Wiener Hofarchitekten LUKAS VON HILDEBRANDT) bei der Planung freie Hand hatte.

Die Figur der »Europa« im Wernekker Schloßpark

1731 legte Neumann ein erstes Projekt vor, 1734 wurde mit den Bauarbeiten begonnen. 1745 war das Werk vollendet, eine streng symmetrisch angelegte Sommerresidenz mit Wirtschaftsgebäuden und einem weiten Park, dessen Planung ebenfalls von Neumann stammte. Um Überschwemmungen zu vermeiden, wurde das Flüßchen Wern extra an die Nordseite des Schlosses verlegt. Der Garten wurde landwirtschaftlich genutzt; sein wichtigster Bestandteil war die Fasanerie, die die Hoftafel zu beliefern hatte. Noch um 1850 gingen jährlich etwa 900 Fasane in die königliche Küche nach München.

Zu Beginn des 19. Jahrhunderts wählte sich der kurzfristig in Franken regierende Großherzog FERDINAND VON TOSKANA (1805 – 1814) das Schloß als Lieblings-

Unverkennbar eine Meisterleistung Balthasar Neumanns: Die Gartenansicht des Schlosses Werneck nahe Schweinfurt

sitz. Ab 1853 dient es als Bezirkskrankenhaus. Vieles von der ursprünglichen Einrichtung – ein weitläufiges Treppenhaus sowie die fürstbischöflichen Repräsentationsräume – gingen seitdem verloren.

Dem heutigen Besucher bietet sich vom Garten, der nach 1861 in einen Landschaftspark im englischen Stil umgewandelt wurde, ein herrlicher Blick auf die grandiose Südfront.

Ein Juwel, das man auf keinen Fall auslassen sollte, stellt die Schloßkapelle im östlichen Pavillon (im Hof links) dar, die von den Würzburger Hofstukkatoren ANTONIO und MATERNO BOSSI ausgestattet wurden.

Thüngersheim (77)

Ein Weinort mit Tradition – 1098 erstmals in Urkunden genannt, aber wohl schon in der Völkerwanderungszeit besiedelt. Im Jahr 1154 ist bereits von Weinbergen die Rede. Neben den typisch fränkischen, figurengeschmückten Fachwerkhäusern und dem 1580 gebauten Rathaus mit Treppengiebel sowie Resten der Ortsbefestigung, lohnt vor allem die Pfarrkirche St. Michael einen Besuch. Sie war einst als wehrhafte Kirchenburg angelegt und von sogenannten Gaden umgeben. St. Michael geht auf das 13. Jahrhundert zurück, zeigt aber deutlich, wie jede Generation ihr ein eigenes Gepräge zu geben vermochte.

Thüngen

Im romantischen Werntal, unweit von Karlstadt, liegt der kleine Ort Thüngen (78), der nach dem gleichnamigen Adelsgeschlecht benannt ist.

Riesige Holzfässer dienen dem Ausbau der beliebten Thüngersheimer Weine »Johannisberg«, »Scharlachberg« und »Ravensberg«